新媒体时代网络营销实战系列丛书

黑马程序员/编著

微信运营

实战教程

公众号/小程序/朋友圈/微店

清华大学出版社

北 京

内 容 简 介

微信运营在如今的互联网行业中十分盛行,几乎每个公司都在运营各自的公众号和个人号,其中有不少还开通了小程序和微店功能。这使得市场对于擅长微信运营的人才有大量的需求,并且这个需求还在不断地扩大。

本书分为微信运营概述(第 1 章)、公众号(第 2、3 章)、小程序(第 4、5 章)、朋友圈(第 6 章)、微店(第 7、8 章)5 部分,讲述微信运营中主要模块的基础知识和运营方法,并提供一系列的精选案例。

本书具有 3 个突出特点:一是采用先讲概念后讲方法的教学模式,让读者知其然并知其所以然,彻底掌握微信运营方法论;二是逻辑清晰,书中内容皆是按照从无到有过程中所需进行的运营事项排序的,读者可以清晰地知道自己处于什么阶段、该做什么事情和该怎么做;三是方法实用性强,书中提及的微信运营方法都是在当下的微信工作中经常用到的,具有很强的可操作性。

本书附有配套视频、素材、习题、教学课件等资源,而且为了帮助初学者更好地学习本书讲解的内容,还提供在线答疑,希望得到更多读者的关注。

本书既可作为高等院校本专科相关专业的新媒体课程的教材,也可作为微信运营的培训教材,是一种适合新媒体运营、微信运营等从业人员阅读与参考的优秀读物。

图书在版编目(CIP)数据

微信运营实战教程:公众号/小程序/朋友圈/微店/黑马程序员编著. —北京:清华大学出版社,2020.9 (2022.2重印)

(新媒体时代网络营销实战系列丛书)

ISBN 978-7-302-56263-4

Ⅰ.①微… Ⅱ.①黑… Ⅲ.①网络营销—教材 Ⅳ.①F713.365.2

中国版本图书馆 CIP 数据核字(2020)第 152898 号

责任编辑:袁勤勇
封面设计:韩 冬
责任校对:李建庄
责任印制:杨 艳

出版发行:清华大学出版社
  网 址:http://www.tup.com.cn,http://www.wqbook.com
  地 址:北京清华大学学研大厦 A 座   邮 编:100084
  社 总 机:010-62770175   邮 购:010-83470235
  投稿与读者服务:010-62776969,c-service@tup.tsinghua.edu.cn
  质量反馈:010-62772015,zhiliang@tup.tsinghua.edu.cn
  课件下载:http://www.tup.com.cn,010-83470236
印 刷 者:北京富博印刷有限公司
装 订 者:北京市密云县京文制本装订厂
经 销:全国新华书店
开 本:185mm×260mm 印 张:12 插 页:1 字 数:292 千字
版 次:2020 年 11 月第 1 版   印 次:2022 年 2 月第 2 次印刷
定 价:49.00 元

产品编号:088647-01

序 言

江苏传智播客教育科技股份有限公司(简称"传智播客")是一家致力于培养高素质软件开发人才的科技公司。经过多年探索,传智播客的战略逐步完善,从 IT 教育培训发展到高等教育,从根本上解决以"人"为单位的系统教育培训问题,实现新的系统教育形态,构建出前后衔接、相互呼应的分层次教育培训模式。

一、"黑马程序员"——高端 IT 教育品牌

"黑马程序员"的学员多为大学毕业后,想从事 IT 行业,但各方面条件还不成熟的年轻人。"黑马程序员"的学员筛选制度非常严格,包括严格的技术测试、自学能力测试,以及性格测试、压力测试、品德测试等。百里挑一的残酷筛选制度确保了学员质量,并降低了企业的用人风险。

自"黑马程序员"成立以来,教学研发团队一直致力于打造精品课程资源,不断在产、学、研 3 个层面创新自己的执教理念与教学方针,并集中"黑马程序员"的优势力量,有针对性地出版了计算机系列教材 90 多种,制作教学视频数十套,发表各类技术文章数百篇。

"黑马程序员"不仅斥资研发 IT 系列教材,还为高校师生提供以下配套学习资源与服务。

1. 为大学生提供的配套服务

(1) 请同学们登录 http://yx.ityxb.com,进入"高校学习平台",免费获取海量学习资源。平台可以帮助高校学生解决各类学习问题。

(2) 针对高校学生在学习过程中存在的压力大等问题,我们还面向大学生量身打造了 IT 技术女神——"播妞学姐",可提供教材配套源码、习题答案及更多学习资源。同学们快来关注"播妞学姐"的微信公众号 boniu1024。

"播妞学姐"微信公众号

2. 为教师提供的配套服务

针对高校教学,"黑马程序员"为 IT 系列教材精心设计了"教案＋授课资源＋考试系统＋题库＋教学辅助案例"的系列教学资源。高校老师请登录 http://yx.ityxb.com,进入"高校教辅平台",也可关注"码大牛"老师微信/QQ:2011168841,获取配套资源,还可以扫

描下方二维码,关注专为 IT 教师打造的师资服务平台——"教学好助手",获取最新的教学辅助资源。

"教学好助手"微信公众号

二、"传智专修学院"——高等教育机构

　　传智专修学院是一所由江苏省宿迁市教育局批准、江苏传智播客教育科技股份有限公司投资创办的四年制应用型院校。学校致力于为互联网、智能制造等新兴行业培养高精尖科技人才,聚焦人工智能、大数据、机器人、物联网等前沿技术,开设软件工程专业,招收的学生入校后将接受系统化培养,毕业时学生的专业水平和技术能力可满足大型互联网企业的用人要求。

　　传智专修学院借鉴卡内基-梅隆大学、斯坦福大学等世界著名大学的办学模式,采用"申请入学,自主选拔"的招生方式,通过深入调研企业需求,以校企合作、专业共建等方式构建专业的课程体系。传智专修学院拥有顶级的教研团队、完善的班级管理体系、匠人精神的现代学徒制和敢为人先的质保服务。

　　传智专修学院突出的办学特色如下。

　　(1)立足"高精尖"人才培养。传智专修学院以国家重大战略和国际科学技术前沿为导向,致力于为社会培养具有创新精神和实践能力的应用型人才。

　　(2)项目式教学,培养学生自主学习能力。传智专修学院打破传统高校理论式教学模式,将项目实战式教学模式融入课堂,通过分组实战,模拟企业项目开发过程,让学生拥有真实的工作能力,并持续培养学生的自主学习能力。

　　(3)创新模式,就业无忧。学校为学生提供"一年工作式学习",学生能够进入企业边工作边学习。与此同时,我们还提供专业老师指导学生参加企业面试,并且开设了技术服务窗口给学生解答工作中遇到的各种问题,帮助学生顺利就业。

　　如果想了解传智专修学院更多的精彩内容,请关注微信公众号"传智专修学院"。

传智专修学院

传智播客

2020 年 8 月

前　言

移动互联网时代,微信已经成为用户最多的社交平台,改变了很多人的沟通方式,更影响了他们的生活。而微信运营是一种网络经济时代企业或个人的重要经营手段,是伴随着微信的火热而兴起的一种新兴营销方式。

微信运营的本质是通过微信中的各类功能,施展各类运营手段,使得运营者实现用户积累和营销转化。相较于其他平台的运营,微信运营具有更多的可选择性和更快的及时性,并且可以精准定位到每一个用户,可以通过种种手段联系上用户,价值极大。

为什么要学习本书

市面上现有的微信相关书籍要么着重于基础理论,追求大而全,其知识点往往脱离实际工作,很多内容没有价值;要么对于其中的部分知识点进行了详细介绍,但只专精于一个方面的应用,缺乏理论基础和与其他内容的关联性。本书结合微信主要应用模块的基础知识与实际运营方法,让读者通过一本书即可入门微信运营并掌握微信运营的基本思路和方法,即使不了解微信的读者也可以快速上手微信运营。

如何使用本书

本书适合绝大多数人群阅读,包括对微信并不熟悉的读者,以既定的编写体例(理论＋案例式)介绍微信运营的基础概念与常见的运营方法,并结合大量的案例展示,帮助读者快速理解掌握书中的知识点。

在内容编排上,本书分为 8 章,按照由浅入深的学习过程,各章内容具体如下。

第 1 章:讲解微信和微信运营的基本概念。

第 2 章:讲解微信公众号的基本概念、注册方式和后台模块等内容。

第 3 章:讲解微信公众号运营中的定位、内容制作、用户增长、营销变现 4 个部分的相关内容。

第 4 章:讲解微信小程序的基本概念、注册方式和后台模块等内容。

第 5 章:讲解微信小程序运营中的上线、推广、用户增长、营销变现 4 个部分的相关内容。

第 6 章:讲解微信朋友圈的相关知识,包括朋友圈基本概念、运营朋友圈的准备工作、朋友圈的内容制作、朋友圈的用户增长、朋友圈的营销模式。

第 7 章:讲解微店的基本概念、注册方式和后台模块等内容。

第 8 章:讲解微店运营中的开店准备、商品管理、服务设计、营销推广 4 个部分的相关内容。

致谢

本书的编写和整理工作由传智播客教育科技股份有限公司完成,主要参与人员有王哲、万李晨、刘洋涛等,全体参编人员在近一年的编写过程中付出了很多辛勤的汗水,在此一并表示衷心的感谢。

意见反馈

尽管我们尽了最大的努力,但书中难免会有不妥之处,欢迎各界专家和读者朋友来信来函提出宝贵意见,我们将不胜感激。您在阅读本书时,如发现任何问题或有不认同之处可以通过电子邮件与我们取得联系。

请发送电子邮件至 itcast_book@vip.sina.com。

声明

本书引用或借鉴了大量商业案例,主要用于教学过程中的案例分析,帮助读者学习,并非赞同其行为或产品的宣传内容及功效,敬请读者注意。

黑马程序员

2020 年 8 月于北京

目　录

让 IT教学更简单

领取教师配套教学资源

教案　　授课资源　　考试系统

在线题库　　教学辅助案例

让 IT学习更有效

教学视频　yx.boxuegu.com

配套源码　微信：208695827

　　　　　Q Q：208695827

问答精灵　ask.boxuegu.com

第 1 章
微信运营概述

【学习目标】

知识目标	➤ 了解微信的定义 ➤ 了解微信的发展历史 ➤ 了解微信的主要功能 ➤ 了解微信运营的定义

【本章导读】

　　随着移动互联网的发展,微信依仗自身庞大的用户基数,坐上了"国民级社交工具"的宝座。微信的出现,让广大网民拥有了新的沟通平台和交流方式,也为企业提供了新的商业活动平台。基于移动互联网的属性,微信的使用不受时间和空间的限制,个人用户可以随时查看自己感兴趣的内容,企业或商家也可以随时向用户展示营销信息,这种高自由度的特性使得微信被大量的企业、组织或个人使用。为了达成自身目的,越来越多的企业、组织或个人有了高质量经营微信的需求,微信运营的工作应运而生。本章将通过认识微信和认识微信运营两个部分,向读者介绍微信运营的基础知识。

1.1　认识微信

　　如今几乎每个人都拥有了自己的微信号,并且大多数人每天都会花大量的时间使用微信。家长与教师通过微信沟通孩子的学习情况,公司同事之间通过微信群协调工作,媒体人通过微信公众号发表观点,大企业通过微信小程序服务用户,商人们通过微店和朋友圈进行商品售卖。但是对于微信本身,很多人并不是完全了解,本节将从微信是什么、微信的发展历史、微信的功能组件 3 个部分来让读者认识微信,便于读者了解微信运营的基础知识。

1.1.1　什么是微信

　　微信(WeChat)是腾讯公司于 2011 年推出的一个为智能终端提供即时通讯服务的免费应用程序。微信支持跨通信运营商、跨操作系统平台通过网络快速发送免费(需消耗少量网络流量)的语音短信、视频、图片和文字。

　　随着微信的发展,如今微信已经是一个集社交、娱乐、资讯、企业服务等功能为一体的综合性平台。时至今日,微信已经覆盖中国 94% 以上的智能手机,月活跃用户达到 8.06 亿,用户覆盖 200 多个国家、超过 20 种语言。此外,各品牌的微信公众号总数已经超过 800 万个,移动应用对接数量超过 85000 个,广告收入增至 36.79 亿元人民币,微信支付用户则达到了 4 亿左右。

1.1.2　微信发展历史

微信的发展是一个从单纯通讯软件慢慢升级为全方位社交服务软件的过程,下面从微信版本的迭代介绍微信的变化。

微信 1.0 版本,功能属性相当简单,只是满足了当时通信的需求,例如发送消息、分享照片、设置头像等。功能设计与思路较为普通,产品定位明确而有针对性。

微信 2.0 版本,实现了语音对讲功能,并增加了很多配套功能及辅助功能。

微信 3.0 版本,新增摇一摇、漂流瓶等功能,并可以把二维码推送至微博,使得微信的用户量激增,开拓了陌生人社交的新功能板块。

微信 4.0 版本,微信的用户量突破 1 亿。已经积累了大量用户的微信,开通了对外开放接口和各类内容辅助功能,为用户搭建了基于社交圈的内容分享平台。微信 4.2 版本中增加了视频聊天的功能,拓展了好友聊天沟通的表现方式,这一次微信把社交方式再次转向熟人社交。在随后的微信 4.5 版本中,推出了公众号媒体平台,推动了微信平台化的发展。

在微信 5.0 时代,已经完成社交平台蜕变的微信加入了商业化元素,如绑定银行卡、游戏购物等功能。

到了微信 6.0 时代,微信不断拓展盈利模式,积极构建用户与服务的连接纽带,培养用户的消费习惯,打造强势的微信金融体系。同时,微信也在不断地打磨产品,牢牢把握用户需求并且通过新增拍摄小视频的功能给用户提供新的分享方式。

在 2018 年年底推出的微信 7.0 版本中,新增了视频动态功能,并重新改版了界面,使得操作体验更加直观流畅。微信还通过看一看分享好友认为好看的文章,加强了用户间的情感联系。微信发展到这时,已经不仅限于一个成熟的产品,而是一个生态体系。

图 1-1 是微信产品迭代图,扫码后即可查看。

图 1-1　微信产品迭代图

为了避免不同版本之间功能差异带来的影响,本书将采用微信 7.0.8 版本和与其同时期的公众号、小程序、微店等平台版本。

1.1.3　微信主要功能

微信作为一个成熟的社交软件,具有众多的功能模块,充分了解这些功能模块可以帮助读者更加透彻地了解微信这一款软件,也便于读者理解后续章节中所提及的与微信功能相关的内容,下面对微信的主要功能进行简单介绍。

1.基本功能

基本功能是指微信作为社交软件所具备的必要功能,包括以下内容。

（1）聊天功能

聊天功能是微信中实现人与人交流的功能模块,支持发送语音短信、视频、图片(包括表情)、文字和文件。

（2）好友功能

好友功能是指微信中与其他微信用户互动的功能模块,包括添加好友、发消息、删除好友等功能。

（3）社群功能

社群功能是指微信中的群聊功能,也叫微信群,是提供多人社交聊天服务的功能,用户可以在微信群中发送消息,这些消息能被群内其他所有人看到。

2.朋友圈

朋友圈是微信提供的内容展示和互动的平台,每个用户都可以在自己的朋友圈中发布图片、文字、视频等内容,这些内容仅限于该用户的好友可见。

3.小程序

小程序是微信开发的一种不需要下载安装即可使用的应用,用户可以通过小程序完成原本需要在网站或者 App 中完成的操作,例如网购、打车、点餐等。

4.公众号

公众号是用户在微信内阅读各类文章的平台,用户可以自行选择关注喜欢的公众号,公众号会定时向用户推送文章或其他内容,也有一些企业或组织通过公众号向用户提供自有的服务。

5.微信支付

微信支付是集成在微信客户端的支付功能,用户可以通过手机完成快速的网络支付流程,例如购物付款、话费充值等。

6.摇一摇

摇一摇是微信推出的一个随机交友应用,通过摇手机或点击按钮模拟摇一摇,可以匹配到同一时段使用该功能的微信用户,增加了微信交友的来源。

7.搜一搜

搜一搜是微信内置的搜索引擎,和百度类似,可以按照关键词检索各类信息,用户通过搜一搜可以查找各类资讯、百科、问答、视频、公众号、表情包等内容。

8.看一看

看一看是微信中的资讯平台,用户可以在其中看到自己的好友最近看了哪些公众号内容,也可以看到微信推送给自己的各类资讯。

1.2　认识微信运营

在认识什么是微信运营之前,首先要理解什么是运营。

网络上对运营有各种各样的定义,有人说运营是为产品传递价值、打造生态和创造使用方法,也有人说一切围绕着网站产品进行的人工干预都是运营。本书采用的定义是:通过一系列穿针引线式的行为和资源投入,让一件事能够持续良性运转,这就是运营。

例如运营一个粉丝群,首先要吸引一些初始用户进入,然后在群内创造话题,活跃群内气氛,从而吸引更多的用户加入;群内用户较多后,需要找到群内比较积极的用户,让他们来帮助创造话题;此外在群内用户相互熟悉后,还需要组织线下活动。通过以上一系列穿针引线式的行为,加上运营者时间、精力的投入,社群才能逐步壮大,从而良性运转。

同理,通过一系列穿针引线式的行为和资源投入,微信体系能够持续良性运转即为微信运营。例如企业中的微信运营,包括了布局个人号朋友圈、经营公众号、搭建用户体系、构建变现流程等板块。每一个板块都需要相互配合,并设置专人和专项费用来支持微信运营的工作,才能使企业通过微信运营有较大收获。

按照微信功能模块划分,微信运营可以划分为公众号运营、朋友圈运营、小程序运营、微信电商运营、微信社群运营、微信广告运营等模块。在后续的章节中,会分别讲解公众号运营、小程序运营、朋友圈运营、微店运营这 4 个有特色且常见的微信运营模块的相关知识和运营方法。

📖 运营工作的划分

在当下的企业人才招聘中常常可以看到产品运营、社群运营、活动运营、新媒体运营、用户运营、短视频运营等岗位,其中的岗位介绍有相同处也有不同处,往往让新入行的运营人十分迷惑。其实这是因为不同企业对运营采取了不同的分类方法导致的,例如以下的几种分类方式。

- 从运营的工作内容划分,运营可以分为内容运营、用户运营、活动运营、产品运营、渠道运营等;
- 从运营的对象划分,运营可以分为 App 运营、社群运营、新媒体运营、电商运营、游戏运营、课程运营等;
- 按照运营的平台划分,运营可以分为百度运营、微信运营、应用商店运营、天猫运营、抖音运营等;
- 按照运营的职级划分,可以分为运营专员、运营主管、运营经理、运营总监、COO(首席运营官)等。

下面以运营的工作内容分类为例,介绍不同运营岗位的核心职责、工作内容和技能要求,详细的运营工作内容如表1-1所示。

表 1-1　运营工作内容

运营工作	核心职责	工作内容	技能要求
内容运营	通过生产的内容来满足受众的需求,目的是吸引并留住用户,最后让用户对产品的品牌有认知	建立内容标准、规划内容栏目、策划内容选题、生产内容、整合内容、加工内容等	内容策划能力、热点追踪能力、文案撰写能力、视频制作技术等
用户运营	以用户为中心,通过对用户的需求调查来制定运营机制,达到引入新用户,留住老用户,保持用户活跃及付费转化的目标	获取新用户,促进用户活跃,搭建用户体系,策划用户活动等	营销推广能力、提升转化率能力、用户激励能力、沟通表达能力、需求理解能力等
活动运营	针对不同类型的活动,进行策划和执行,提升活动效果	制定活动策划方案,组织线上或线下活动,宣传推广活动,分析数据复盘活动等	活动策划能力、项目协调能力、执行落地能力、资源整合能力、创新能力、应急处理能力等
产品运营	通过一系列各式各样的手段和方法,提升产品的一些特定数据	产品数据分析,优化产品结构,调整产品功能等	数据分析能力、需求分析能力、产品规划能力等
渠道运营	维护、拓展能让用户获得产品或服务的渠道平台	拓展渠道,策划合作方案,对接内外部资源,渠道评估,渠道维护等	商务谈判能力、信息搜集能力、整合资源能力、方案策划能力等

1.3　本章小结

　　本章对微信及微信运营的基础知识进行了介绍,讲述了微信的定义、微信的发展历史、微信的主要功能、微信运营等的定义。

　　通过本章的学习,读者应了解微信及微信运营的基础知识。

第 2 章

公众号入门

【学习目标】

知识目标	➤ 了解公众号的定义、发展历史、优势和作用 ➤ 了解公众号的种类 ➤ 了解公众号后台的界面模块
技能目标	➤ 掌握如何选择公众号的类别 ➤ 掌握如何注册公众号 ➤ 掌握如何进行公众号认证

【本章导读】

公众号是微信体系中功能最多、用途最多的应用,也是微信营销中一大承载流量和实施活动的平台。想要做好微信营销,就一定要熟悉公众号的运营。通过本章公众号入门的学习,读者可以对微信营销中的公众号运营有基础的认知,便于后续公众号运营和营销知识的学习。公众号的基础认知包括认识公众号、公众号种类、公众号注册和公众号后台介绍,本章将通过这 4 个部分来讲解。

2.1 认识公众号

公众号发展至今,几乎每个商业组织都有自己的公众号,当下互联网行业火热的"两微一抖"概念中的其中一"微"便是公众号。想要学习公众号的运营,首先要对公众号有足够的了解和认知。本节将通过了解公众号、公众号发展历史、公众号优势和公众号作用 4 个部分,对公众号进行基础讲解。

2.1.1 什么是公众号

公众号是个人或企业组织在微信公众平台上申请的应用账号,是微信体系中一个拥有众多功能的内容平台。在微信 App 的"通讯录"页面就可以看到公众号的入口之一,如图 2-1 所示。

通过公众号,运营者可以进行内容群发、用户服务、营销活动、用户积累、用户互动等行为。公众号最大的特点是可以让运营者发布的内容在大量陌生的用户之间快速传播,而微信个人号、微信群等主要用于实

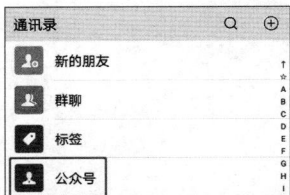

图 2-1 公众号在"通讯录"页面的入口

现小规模的好友、熟人之间的信息交流。

📖 什么是内容平台

互联网行业中,内容一般是指文章、图片、音频、视频等形式的作品,内容平台是指整合了众多内容创作者,并拥有一定用户流量基础的平台,它是连接内容创作者和内容阅读者的桥梁,一方面可以让内容创作者的作品在内容平台上获得曝光和展示,另一方面也可以让内容阅读者看到想看的内容。

2.1.2　公众号发展历史

公众号自成立以来一直保持着高频率的更新和迭代,下面对公众号发展过程中的重大变动进行简单介绍。

2012 年 8 月,微信公众平台向普通用户开放。随后,微信公众平台正式上线,命名为"官号平台"和"媒体平台",一个基于微信的生态环境开始逐步形成。

2013 年 8 月,公众号被分为订阅号和服务号,同时订阅号消息被折叠进"订阅号"栏目,即只能进入"订阅号"栏目中才能看到订阅号列表;而服务号未被折叠,可以在微信消息界面直接看到,如图 2-2 所示。

2013 年 8 月底,微信公众平台增加数据统计功能,公众号的用户及阅读数据开始可以被运营者看到。

2015 年 1 月,微信公众平台上线原创声明功能以维护原创者权益,鼓励运营者生产优质内容。

图 2-2　订阅号被折叠

2016 年 4 月,微信公众平台开放置顶功能,用户可以置顶自己喜欢的公众号。

2018 年 2 月,微信公众平台的"改错字"功能上线,改变了已发送图文不能修改的现状,已发送图文最多可更改正文中的 5 个字,在后续调整中又改为可以修改 20 个字。

2018 年 3 月,微信公众平台更改公众号留言功能的规则,即新注册账号没有留言功能。

2018 年 11 月,微信公众平台发布进行了如下调整:个人主体注册公众号数量上限由 2 个调整为 1 个;企业类主体注册公众号数量上限由 5 个调整为 2 个。

2018 年年末至 2019 年,微信公众平台把文章内的"点赞"改为了"好看",随后又改为了"在看"。

2.1.3　公众号优势

相较于其他平台,由于公众号具有更多的使用者和功能,因此在营销、传播、规模等领域具有很多优势,具体介绍如下。

1. 营销方式多元化

相对于报纸、杂志、广播、电视等传统媒体较为单一的营销方式,通过公众号进行的营销更加多元化。公众号支持文字、图片、语音、视频以及组合类内容编辑,公众号的运营者可以利用这些形式进行高效的宣传。

例如一家教育培训类公司,可以通过公众号推送图文消息(公众号文章的官方名称,简称图文)宣传课程,也可以通过公众号群发海报推销课程,还可以在公众号内进行视频直播发布部分课程内容,从而吸引用户报名课程。

2．营销成本低廉

营销的最终目的是盈利,而和盈利相对的是成本,如果成本越高,那么运营者可以获得的盈利就越少。在传统营销中,由于需要制作海报、横幅、易拉宝等物料,以及配置大量的人工去进行布置和宣传,导致营销成本居高不下。而通过公众号所做的营销几乎不需要任何物料成本,人工成本也可以大大压缩。

3．信息送达率高

公众号的推送机制可以确保公众号群发的每一条内容都会送达用户的微信客户端中,哪怕用户当天没有看到,内容也会自行积累,便于用户将来一起查看。而在别的平台,例如微博,粉丝众多的账号推送出的内容,由于存在限流、屏蔽等因素,大概率是无法让每个人都看到的。

另外,由于公众号的推送机制导致内容只会推送给关注自己公众号的用户,其他用户无法直接在自己的订阅号栏目中看到这个内容,因此推送的营销内容也具有很强的针对性。

4．潜在用户更多

如今微信的总用户数已经超过 11 亿,基于微信系统的公众号也成为国内最大的内容平台之一,相较于其他稍小一些的平台更具有用户基数优势,因此企业使用公众号进行营销,可以拥有更多的潜在用户。

拥有更多的潜在用户,就拥有了更多成功的机会,可以看到近几年绝大多数的刷屏级营销活动都是在微信体系中产生的。例如新世相在 2016 年进行的"丢书大作战",就是通过其公众号的推送和传播,使得大量的微信用户知道了这次活动,并在活动结束后为新世相的公众号带来了极多的新用户。

2.1.4　公众号作用

公众号实现了信息通知、用户连接、用户管理等功能,让运营者与用户可以无障碍地沟通和交流,下面详细介绍公众号所具有的作用。

1．承载和管理用户

公众号作为一个成熟的"流量池",运营者可以把它作为一个引流的目的地,承载成千上万的用户,并且利用公众号的种种功能服务好用户。与此同时,公众号又如同一个 CRM(客户关系管理)系统,把所有用户汇总进一个数据库中,通过公众号,运营者可以听取每一个用户的反馈,也可以联系上每一个用户,还可以给用户打上标签,便于精准化运营。

📖 流量和流量池的定义

"流量"本义是单位时间内通过河、渠或管道某一横截面的流体的量,或是通过道路的车辆、人员等的数量。在互联网时代,流量也指在一定时间内网站的访问量,以及手机等移动终端上网所耗费的字节数。而在近些年的互联网发展中,流量更多指的是某网站、App 所拥有的用户量、粉丝量或者浏览量。

而"流量池"就是承载流量的"容器",主要是指为了防止有效流量流走而设置的数据库或平台。

2. 服务用户

由于公众号具有大量的功能和接口,运营者通常仅通过公众号就可以满足用户的需求,相较于网站和 App,公众号的便捷性更高。例如"丰巢智能柜"公众号就会通过消息推送来提醒用户领取快递,十分方便快捷。

3. 提高用户活跃度和忠诚度

公众号的种种服务功能,使得用户在满足需求之余,还能得到乐趣和其他收获,同时用户对该公众号背后的运营者也会更有好感,从而提高了用户的活跃度和忠诚度。例如"支付宝"公众号,除了展示支付宝的业务和活动外,还有大量有趣的内容,使得用户很乐于阅读该公众号的内容并进行互动,这为支付宝带来了大量活跃且忠诚的用户。

4. 传达消息

公众号拥有多种群发功能,这给了运营者很多可选的消息推送方式。通过不同的推送方式,运营者可以精准且有效地把信息传达到用户手中,例如一般的公众号是通过消息群发的形式通知每一个用户,而"拼多多"公众号则对不同用户进行了分类,通过给不同类型用户推送不同内容的精准推送方式来传达消息,使得不同用户能接收到自己想看的内容。

5. 承载商业行为

运营者可以在公众号中承载各类商业内容和链接,包括商城、落地页、邀请函、问卷等形式,最终实现盈利、引流、获取信息等目的。

2.2　公众号种类

因为公众号的运营者有传播信息、服务用户等不同需求,微信公众平台对应开设了订阅号和服务号两种公众号。这两种公众号有不同的特点和适用对象,运营者在运营公众号之前必须要进行评估和分析,确定出自己采用哪一种公众号,才能进行后续的公众号运营工作。本节将分别对订阅号和服务号进行介绍。

2.2.1　订阅号

订阅号是一种侧重于高频率向用户推送内容的公众号,订阅号的优势在于每天可以推送一次消息,可以与用户实现较高频率的互动。大多数订阅号运营者,其运营目的是宣传内容、提高知名度、增加粉丝量、广告变现等。鉴于这些目的,订阅号运营者往往会不断推送内容给自己的用户,希望他们花费更多的时间在阅读自己的公众号内容上,养成阅读自己公众号内容的习惯,从而让用户信任、依赖并自发传播自己公众号。

订阅号的主要功能和权限如下:

- 每一个自然日可以群发一次内容(部分政府机构和媒体可以一天内推送多次内容);
- 消息显示在用户的"订阅号消息"栏目中;
- 读者可以对订阅号的作者进行打赏。

一般来说,个人、政府和企业的宣传部门、新闻媒体等组织会选择使用订阅号,例如虎嗅网的公众号"虎嗅 App"就是一个订阅号,每天会向用户推送商业领域的新闻和分析,使用户能获得最新资讯和学习到相关知识,从而逐步积累口碑,实现提高知名度的目的。又例如"十点读书"也是一个订阅号,每天会向用户推送一些情感类内容,来满足用户的情感需求,引起用户的情感共鸣,促使用户对内容进行传播,使得不断有用户前来关注该公众号,最终实现广告变现的目的。

根据注册主体(主体是指公众号的拥有者)的不同,行业内通常又把订阅号分为个人订阅号和认证订阅号,下面进行详细讲解。

1. 个人订阅号

个人订阅号是指个人主体注册的订阅号,任何人都可以注册个人订阅号,无须企业或机构的资质,适合意见领袖、文字工作者开辟属于自己的发声平台。

2. 组织订阅号

组织订阅号指的是企业、政府、媒体、其他组织这 4 类主体注册的订阅号,该类订阅号需要经过认证才可以使用,适合企业、媒体、政府等组织用来进行内容宣传和维系用户感情。相较于个人订阅号,组织订阅号有更多的功能,例如后续文中会提到的在菜单栏中添加外部链接功能。

2.2.2　服务号

服务号是一种侧重在公众号内设置服务功能从而服务用户的公众号,微信公众平台的现有规则不允许个人主体注册服务号,每一个服务号都需要经过认证才可使用。服务号的优势在于拥有众多的功能和权限,便于企业或机构实施各类商业行为,例如经营电商、进行促销、提供咨询等。大多数的服务号运营者,其运营目的往往是提供服务、提高用户满意度、转化变现等,鉴于这些目的,服务号运营者往往会在公众号搭建各类服务功能,并关联上自己的网站或 App,从而帮助用户更便捷地使用自己组织或企业的服务,最终实现自己组织或企业的目标(例如增加销售额、提高用户使用频率等)。

服务号的主要功能和权限如下。

- 每一个自然月可以群发 4 次内容;
- 消息直接显示在用户的好友对话列表中;
- 服务号可以开通微信支付和微信商户功能;

- 服务号拥有客服功能。

一般来说,企业经营部门、政府服务部门、商业机构等组织更适合使用服务号,例如"德邦快递"服务号给用户提供了寄/收快递、查快递、开发票等服务,使用户可以更加便捷地使用德邦快递公司的服务,从而提升了用户满意度。

下面通过例 2-1 来帮助大家了解公众号的差异。

例 2-1 小娜选择公众号的种类

小娜是一家文化传播公司的运营人员,公司业务覆盖文学、电影、时尚、教育等领域。某天公司计划新增旅游领域,任务分工后,部门领导让小娜新开设一个渠道,目的是吸纳更多对旅游感兴趣的用户成为粉丝,帮助公司增加旅游领域的用户基数,辅助旅游领域的业务拓展。

小娜对比了市面上各类渠道和平台的优劣势,同时对比了公司用户主要使用的平台,决定使用公众号来实现涨粉目的。首先小娜对目标进行了拆解,增加粉丝需要有相应的服务或内容,使得用户被多次吸引,从而产生好感,最终实现关注。其中关键步骤为"内容/服务"和"多次",对应的是小娜的新公众号需要向陌生用户提供他们感兴趣的内容或服务,并且需要在尽量短的时间内多次进行(时间间隔长了后,难以积累出足以让用户进行关注的好感度)。

接着小娜分别分析了订阅号和服务号对应的匹配度。

A. 订阅号

订阅号可以推送用户感兴趣的内容;

订阅号的内容可以在陌生用户中传播;

订阅号可以高频率推送。

B. 服务号

服务号可以提供用户需要的服务;

服务号的内容可以在陌生用户中传播,服务号的服务无法在陌生用户中传播;

服务号的内容无法高频率推送,服务号的服务可以随时提供。

因此小娜发现订阅号更适合用于增加粉丝。

在个人订阅号与组织订阅号的选择上,由于建立的账号是公司所拥有的,且组织订阅号的功能多于个人订阅号,因此小娜选择组织订阅号这一种类。

2.3 公众号注册

注册一个公众号是运营公众号的第一步,没有注册完成公众号,运营者将无法开展任何公众号的运营工作。本节将详细讲述注册公众号的流程和认证流程,并介绍注册公众号时运营者需要注意的主体差异。

2.3.1 公众号注册流程

公众号的注册流程主要分为如图 2-3 所示的 6 个步骤,即进入微信公众平台官网、填写基本信息、选择账号类型、登记账号主体信息、填写账号资料和认证(可选)。

图 2-3　公众号注册流程

下面对这 6 个步骤进行详细介绍。

1. 进入微信公众平台官网

在任意浏览器地址栏中输入 https://mp.weixin.qq.com 即可进入微信公众平台官网。

2. 填写基本信息

在该步骤中，运营者需要填写注册邮箱并进行验证，还要设置公众号的密码。注册用的必须是未注册过公众号、小程序、企业微信的邮箱。

3. 选择账号类型

在该步骤中，运营者需要选择注册订阅号或者服务号，此外注册企业微信时也是在此步骤进行选择。

4. 登记账号主体信息

在该步骤中，运营者首先要选择账号主体类型，然后需要填写主体信息，不同类型的主体需要填写不同的信息，具体的差异内容将在 2.3.2 节中详述。

5. 填写账号信息

在该步骤中，运营者需要填写公众号名称与介绍，并选择运营地区。

6. 认证（可选）

对于组织订阅号和服务号，在完成注册后还需要完成公众号的认证，而个人订阅号无须认证，具体的认证介绍和流程将在 2.3.3 节中详述。

下面通过例 2-2 来详述注册公众号的过程。

例 2-2　小娜注册公众号的过程

小娜在确定使用认证订阅号后，就开始着手注册公众号，具体步骤如下。

STEP 01　进入微信公众平台官网并单击"立即注册"按钮，如图 2-4 所示。

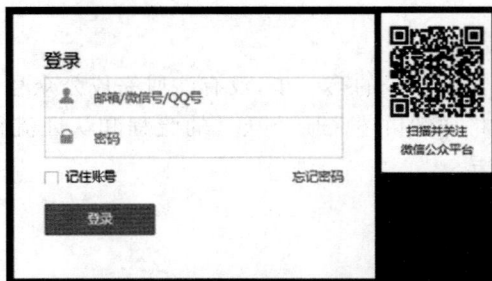

图 2-4　在微信公众平台官网单击"立即注册"按钮

STEP 02   选择账号类型为"订阅号",如图 2-5 所示。

请选择注册的账号类型

图 2-5 选择账号类型

STEP 03   填写基本信息,即输入邮箱地址并验证,再设置公众号密码,如图 2-6 所示。

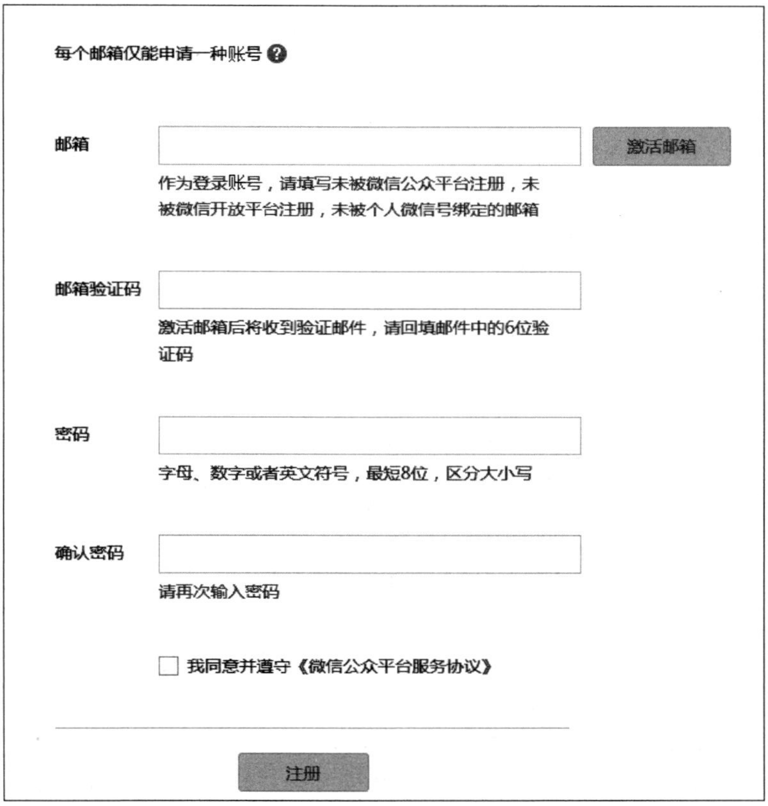

图 2-6 填写基本信息

STEP 04   选择企业注册地为"中国大陆",如图 2-7 所示,并再次选择公众号类型为"订阅号",单击"选择并继续"按钮,如图 2-8 所示。

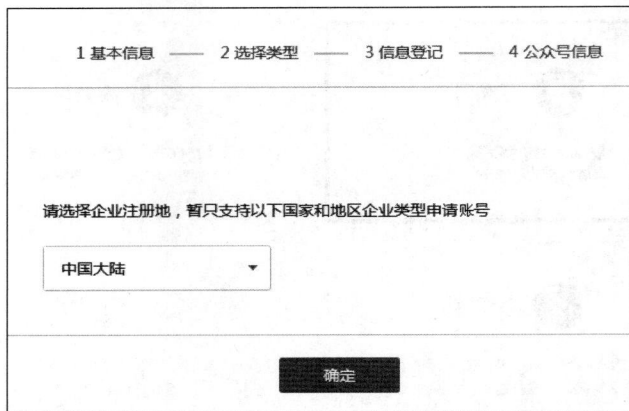

图 2-7   选择企业注册地

图 2-8   选择公众号类型

STEP 05   在用户信息登记页面中,"主体类型"选择"企业","企业类型"选择"企业",如图 2-9 所示。

STEP 06   登记主体信息并认证主体,在此小娜选择了"支付验证"的验证方式,并通过与财务人员的协作完成了主体认证,如图 2-10 所示。

STEP 07   登记管理员信息,如图 2-11 所示。

STEP 08   完成公众号信息页面的填写,即填写账号名称、功能介绍、运营国家,最终完成了公众号注册,如图 2-12 所示。

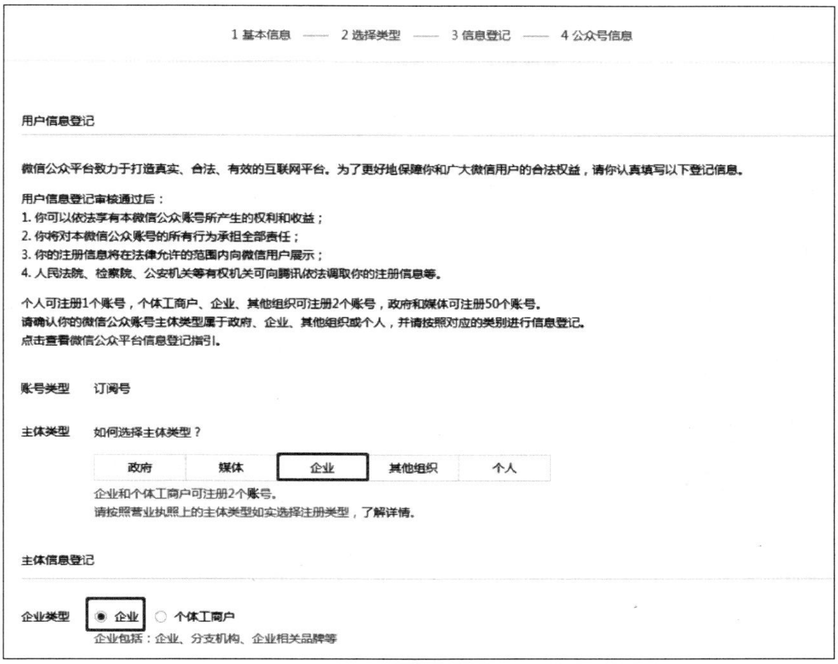

1 基本信息 ── 2 选择类型 ── 3 信息登记 ── 4 公众号信息

用户信息登记

微信公众平台致力于打造真实、合法、有效的互联网平台。为了更好地保障你和广大微信用户的合法权益，请你认真填写以下登记信息。

用户信息登记审核通过后：
1. 你可以依法享有本微信公众账号所产生的权利和收益；
2. 你将对本微信公众账号的所有行为承担全部责任；
3. 你的注册信息将在法律允许的范围内向微信用户展示；
4. 人民法院、检察院、公安机关等有权机关可向腾讯依法调取你的注册信息等。

个人可以注册1个账号，个体工商户、企业、其他组织可注册2个账号，政府和媒体可注册50个账号。
请确认你的微信公众账号主体类型属于政府、企业、其他组织或个人，并请按照对应的类别进行信息登记。
点击查看微信公众平台信息登记指引。

账号类型　订阅号

主体类型　如何选择主体类型？

| 政府 | 媒体 | **企业** | 其他组织 | 个人 |

企业和个体工商户可注册2个账号。
请按照营业执照上的主体类型如实选择注册类型，了解详情。

主体信息登记

企业类型　● 企业　○ 个体工商户
企业包括：企业、分支机构、企业相关品牌等

图 2-9　选择主体类型

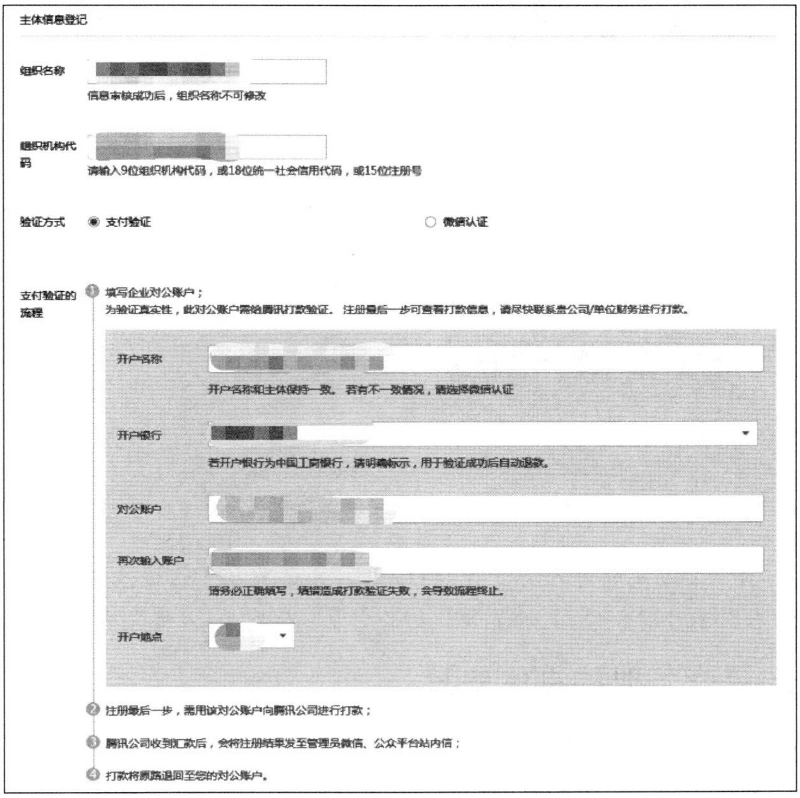

主体信息登记

组织名称　[　　　]
信息审核成功后，组织名称不可修改

组织机构代码　[　　　]
请输入9位组织机构代码，或18位统一社会信用代码，或15位注册号

验证方式　● 支付验证　　　　　　　　○ 微信认证

支付验证的流程
① 填写企业对公账户；
为验证真实性，此对公账户需腾讯打款验证。注册最后一步可查看打款信息，请尽快联系贵公司/单位财务进行打款。

开户名称　[　　　]
开户名称和主体保持一致。若有不一致情况，请选择微信认证

开户银行　[　　　▼]
若开户银行为中国工商银行，请勾选标示，用于验证成功后自动退款。

对公账户　[　　　]

再次输入账户　[　　　]
请务必正确填写，错填造成打款验证失败，会导致流程终止。

开户地点　[　　▼]

② 注册最后一步，需用该对公账户向腾讯公司进行打款；
③ 腾讯公司收到汇款后，会将注册结果发至管理员微信、公众平台站内信；
④ 打款将原路退回到您的对公账户。

图 2-10　登记主体信息

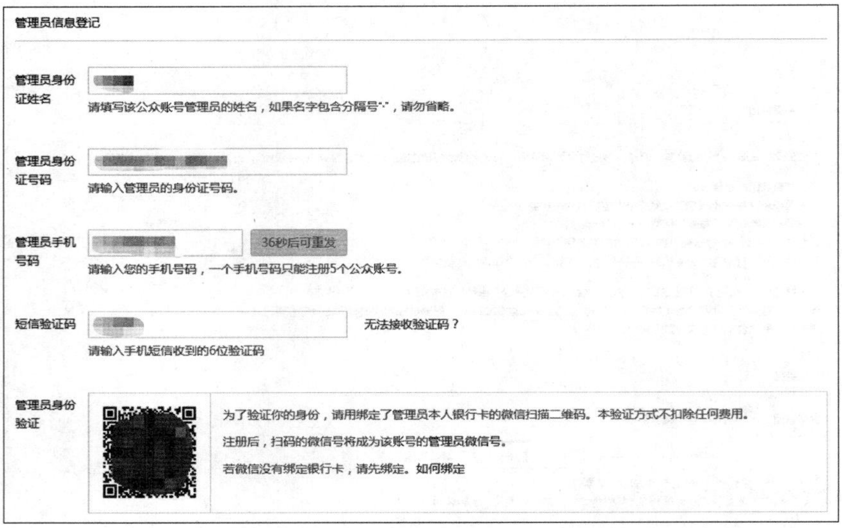

图 2-11　登记管理员信息

图 2-12　完成公众号信息页面填写

　　STEP 09　页面自动跳转进入公众号后台,小娜直接进入了认证流程。按步骤填写完成信息后,小娜请求财务部门合作,支付了 300 元公众号认证费用,最终完成了该公众号的注册。

2.3.2　注册公众号时的主体差异

　　按照微信公众平台给出的定义,注册公众号在登记账号主体信息步骤,存在 5 类主体,分别是个人、企业、政府、媒体、其他组织,这 5 类主体分别需要在如图 2-13 所示的界面中填写不同的信息,下面进行逐个讲解。

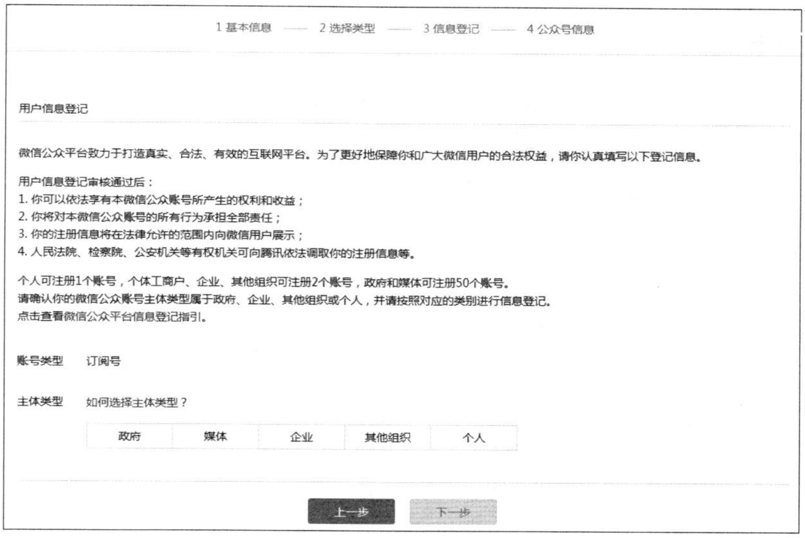

图 2-13　登记账号主体信息页面

1. 政府类主体

注册政府类主体公众号,在登记账号主体信息时需要填写政府全称,并且需要进行管理员信息登记和验证。该类公众号登记账号主体信息页面如图 2-14 所示。

图 2-14　政府类主体信息登记内容

2．媒体类主体

注册媒体类主体公众号，在登记账号主体信息时需要填写注册组织的名称和组织机构代码，并且需要进行管理员信息登记和验证。该类公众号登记账号主体信息页面如图2-15所示。

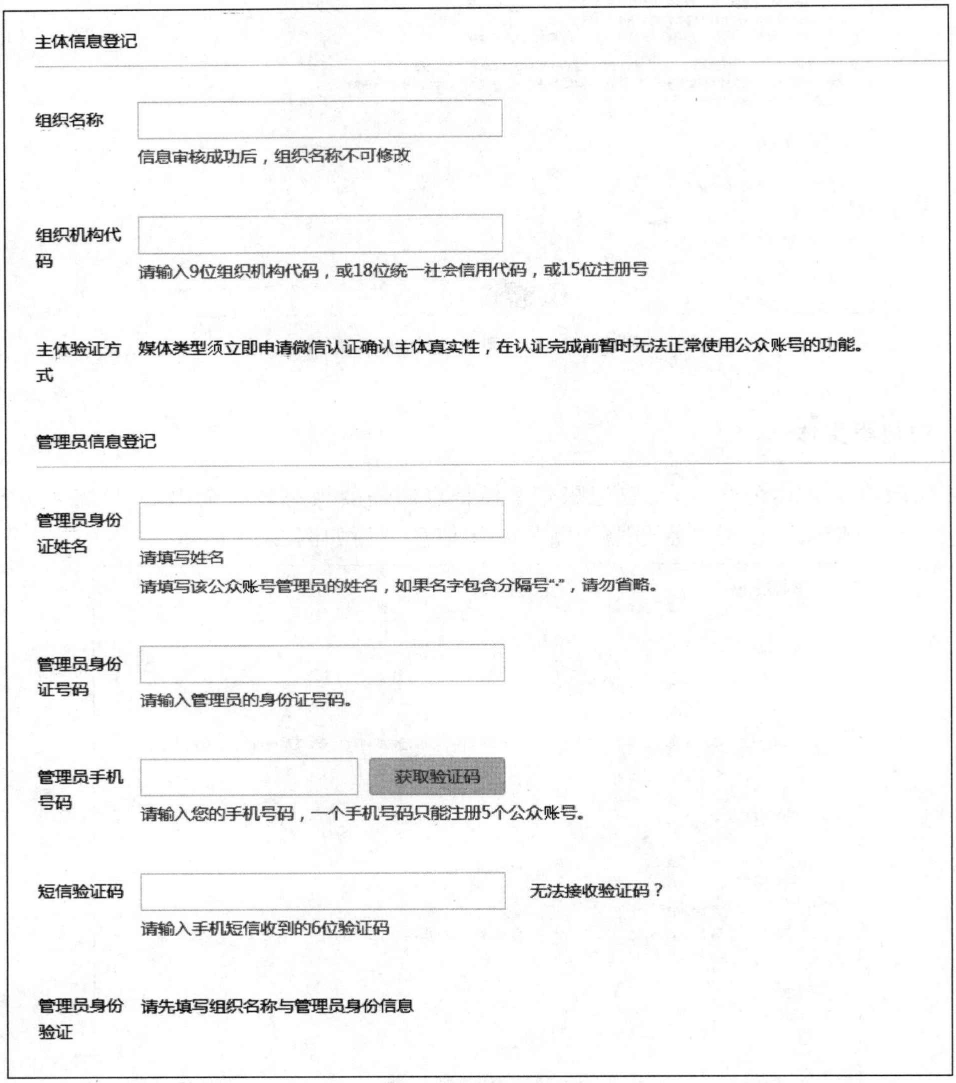

主体信息登记

组织名称
　　信息审核成功后，组织名称不可修改

组织机构代
码
　　请输入9位组织机构代码，或18位统一社会信用代码，或15位注册号

主体验证方　　媒体类型须立即申请微信认证确认主体真实性，在认证完成前暂时无法正常使用公众账号的功能。
式

管理员信息登记

管理员身份
证姓名
　　请填写姓名
　　请填写该公众账号管理员的姓名，如果名字包含分隔号"·"，请勿省略。

管理员身份
证号码
　　请输入管理员的身份证号码。

管理员手机　　[获取验证码]
号码
　　请输入您的手机号码，一个手机号码只能注册5个公众账号。

短信验证码　　　　　　　　　　　　　无法接收验证码？
　　请输入手机短信收到的6位验证码

管理员身份　**请先填写组织名称与管理员身份信息**
验证

图 2-15　媒体类主体信息登记内容

3．企业类主体

企业类主体分为企业和个体工商户2个类型。

（1）企业

企业类在登记账号主体信息时需要填写企业类型、企业名称和营业执照注册号，并且需要进行管理员信息登记和验证。该类公众号登记账号主体信息页面如图 2-16 所示。

图 2-16　企业类主体信息登记内容

（2）个体工商户

个体工商户类在登记账号主体信息时需要填写企业类型、注册个体工商户的企业名称和营业执照注册号，并且需要进行管理员信息登记和验证。如果是无企业名称的个体工商户，则需要以"个体户＋经营者姓名"的形式填写。

4.其他组织类主体

注册其他组织类主体公众号与注册媒体类主体公众号一样，在登记账号主体信息时需要填写注册组织的名称和组织机构代码，并且需要进行管理员信息登记和验证。

5.个人类主体

注册个人类主体公众号，在登记账号主体信息时需要填写注册人的个人姓名和身份证号，并且需要进行管理员信息登记和验证。该类公众号登记账号主体信息页面如图 2-17 所示。

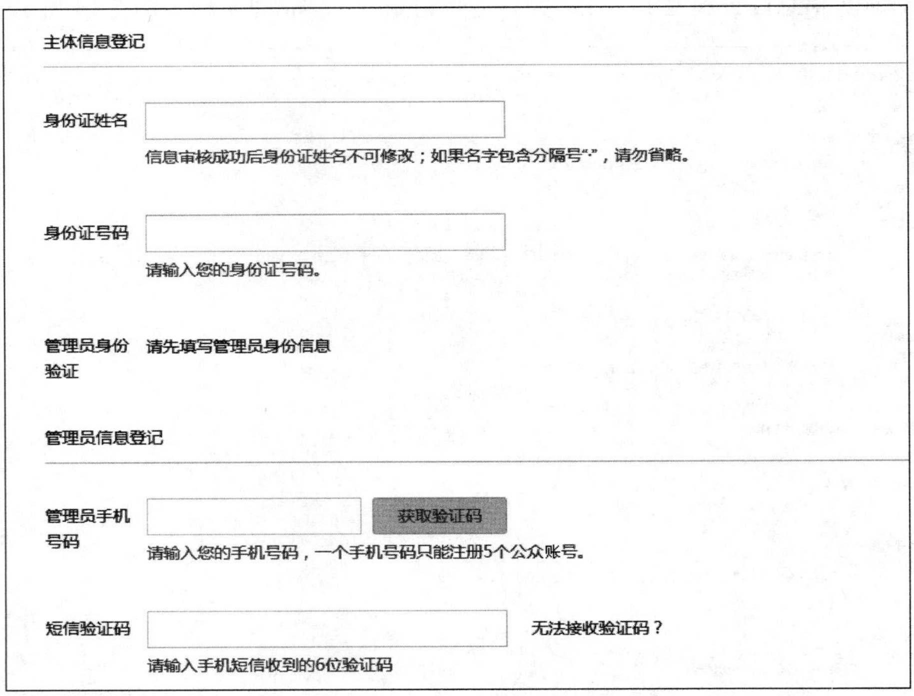

图 2-17　个人类主体信息登记内容

📖公众平台注册选择账号主体类型的参考

一般来说,运营者可以参考《组织机构代码证》上的机构类型来选择公众平台注册的主体类型。表 2-1 所示为用于参考的主体类型说明。

表 2-1　公众号账号主体类型参考说明

注册选择类型	组织机构类型
个体工商户	个体户、个体工商户、个体经营者
企业类型	个人独资企业、企业法人、企业非法人、非公司制企业法人、全民所有制、农民专业合作社、企业分支机构、合伙企业、其他企业
媒体类型	事业单位媒体、其他媒体、电视广播、报纸、杂志、网络媒体等
其他组织	免费类型(基金会、政府机构驻华代表处)
	社会团体(社会团体法人、社会团体分支、代表机构、其他社会团体、群众团体)
	民办非企业、学校、医院等
	其他组织(宗教活动场所、农村村民委员会、城市居民委员会、自定义区、其他未列明的组织机构)
	事业单位(事业单位法人、事业单位分支、派出机构、部队医院、国家权力机关法人、其他事业单位)
政府单位	政府机关(国家行政机关法人、民主党派、政协组织、人民解放军、武警部队、其他机关)

2.3.3　公众号认证

公众号的认证是微信公众平台为了确保公众号信息的真实性、安全性,强制要求部分公众号进行的步骤,未完成认证的组织订阅号和服务号,运营者将无法使用消息群发、自动回复、外部接口等核心功能。公众号认证流程如图 2-18 所示。

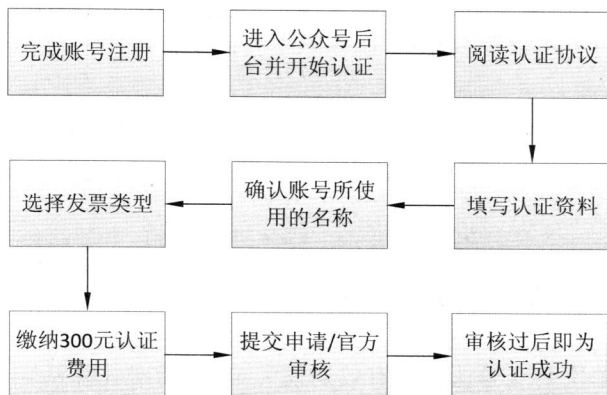

图 2-18　公众号认证流程

下面对其中重要步骤进行讲解。

（1）进入公众号后台并开始认证

当组织订阅号和服务号注册完成后,系统会自动跳转到公众号后台界面,并弹出认证窗口,如图 2-19 所示。

图 2-19　公众号后台自动弹出的认证窗口

（2）填写认证资料

该步骤需要运营者填写公众号主体的类型、名称、组织信息、对公账户信息、认证联系人信息，并上传申请公函、公众号主体的证明（例如营业执照、组织机构代码证等）和其他证明文件（例如企业工商变更证明、官方红头文件、加盖公章证明等）。

（3）确认账号名称

该步骤需要运营者填写公众号的名称，运营者可以选择自行命名或者基于自有商标进行命名，如选择基于自有商标进行命名，则需要上传商标注册证书和商标授权书。

（4）选择发票类型

由于公众号认证需要缴纳 300 元认证费用（政府类主体认证时无须缴费），因此微信公众平台为运营者提供了开具发票的服务，运营者可以选择不开发票，开具增值税普票，开具电子发票或开具增值税专票。

（5）缴纳 300 元认证费用

该步骤中只能通过微信支付的方式缴纳 300 元费用，暂不支持网银转账、支付宝转账等形式。

需要注意的是，单次公众号认证的有效期仅为 1 年，到期后需要运营者主动进行年审续费，才能维持这个认证的有效性。

2.4　公众号后台介绍

了解公众号后台有哪些组成部分，是运营公众号的必要前提，本节将对公众号后台界面进行简要地讲解。

公众号的后台页面可以分为菜单栏和展示栏 2 个部分，如图 2-20 所示。

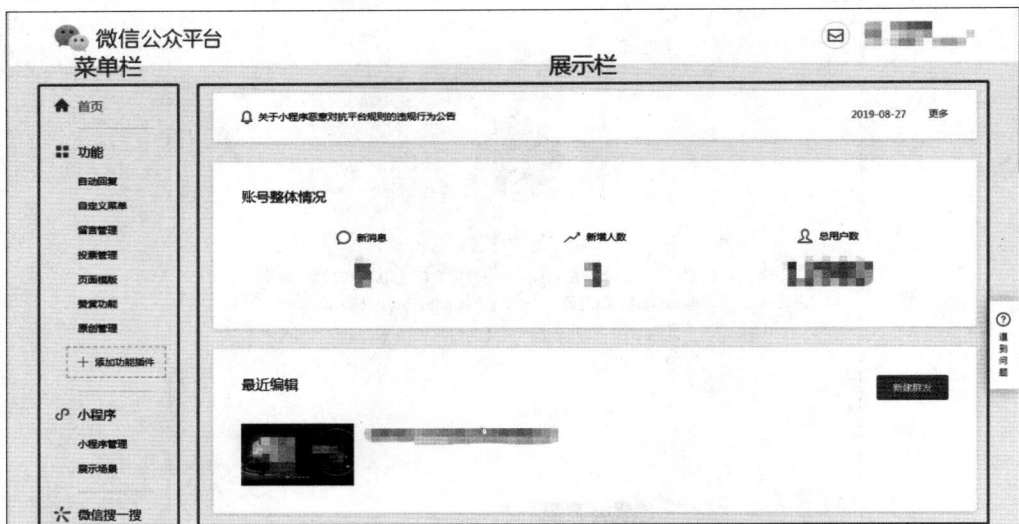

图 2-20　公众号后台的分栏

其中菜单栏中罗列的是运营公众号时需要用到的各个模块，包含首页、功能、管理、推广、统计、设置、开发等后台模块；而展示栏是运营者了解不同模块详细信息和进行操作的区域。下面按照不同后台模块,对公众号后台进行逐一介绍。

1. 首页

首页模块是指进入微信公众号后台后最先展示在运营者面前的界面,首页的展示栏区域包括通知、账号整体情况、最近编辑、已群发消息 4 个板块。首页模块可以帮助运营者快速了解公众号的即时情况。

2. 功能

功能模块是指微信公众平台为公众号运营者提供的拓展功能的集合,功能模块包含自动回复、自定义菜单、留言管理、投票管理、页面模板、赞赏功能、原创管理、微信小店、客服功能、卡券功能、门店小程序、微信连 Wi-Fi、摇一摇周边、电子发票、一物一码等拓展功能。

2019 年以后注册的公众号在菜单栏中,功能模块一般由自动回复、自定义菜单、投票管理、页面模板、赞赏功能、原创管理和添加功能插件组成,如图 2-21 所示。

当功能模块中 6 个基础功能插件无法满足运营者的运营需求时,运营者可以单击"添加功能插件"标签进入功能插件库页面,根据实际运营情况增减功能模块中的拓展功能,为用户提供有针对性的服务。下面对功能模块中的基础功能插件进行简单介绍。

（1）自动回复

自动回复是指运营者通过预先设置,公众号可以自动回复用户消息的功能插件,在公众号后台中分为关键词回复、收到消息回复和被关注回复 3 类,一般被用于解决人工客服回应用户消息较慢的问题。

（2）自定义菜单

自定义菜单是指设置公众号会话界面底部菜单栏内容的功能插件,菜单栏是微信体系中公众号独有的功能,如图 2-22 所示。

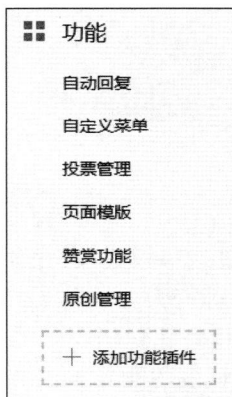

图 2-21　公众号后台菜单栏中的功能模块

图 2-22　公众号会话界面底部菜单栏

通过设置菜单栏内容,运营者可以为用户提供资讯、福利、购物、查询等服务,从而增加公众号对用户的价值。

（3）投票管理

投票管理是指发布、查看、统计公众号内投票活动的功能插件,丰富了公众号与用户的互动形式,便于运营者进行调查问卷、观点分析等行为。

（4）页面模板

页面模板是指给运营者提供编辑内容展示网页的功能插件,通过这个功能插件,运营者可以将数十条公众号内容整合在一个网页页面上,然后可以将该网页置于菜单栏、自动回复等位置,便于用户批量阅读。

（5）赞赏功能

赞赏功能是指查看和管理公众号内容制作者接受用户打赏现金的功能插件,在这个功能插件中运营者可以查看公众号内的打赏数据和管理公众号所关联的赞赏账户（内容制作者只有开通赞赏账户且与公众号关联后才可在该公众号内接受打赏）。

（6）原创管理

原创管理是指运营者管理公众号内原创内容的功能插件,微信公众平台通过设置原创功能给予内容制作者版权保护,一旦内容制作者把内容设置为原创,任何人都需要经过该内容制作者同意才可以进行内容转发,私自转发的文章会被微信公众平台禁止推送。在原创管理功能插件内,运营者可以设置转载权限和查看转载数据。

3.小程序

小程序是公众号后台内注册、关联及管理微信小程序的模块,新注册的公众号需要在后台开通小程序功能才可以使用。关联小程序后公众号可以满足运营者在文章中植入小程序、菜单栏中添加小程序等需求。

4.微信搜一搜

微信搜一搜是设置公众号在搜一搜中展示结果的模块,微信搜一搜模块可以帮助运营者丰富公众号在搜一搜中搜索结果的展示样式,一般微商、大公司、知名品牌、以销售为目的的公众号会使用到该模块。

5.管理

管理模块是公众号后台中用于管理内容和用户的集合,其中包含消息管理、用户管理、素材管理 3 个板块,下面进行简单介绍。

（1）消息管理

消息管理是管理用户在公众号内发送的消息的板块,通过这一板块,运营者可以和用户进行交流互动,包括查看消息、回复消息、收藏消息、屏蔽消息等行为。

（2）用户管理

用户管理是管理公众号所有关注者的板块,通过这一板块,运营者能够看到每一个关注公众号的用户,可以通过打标签来给他们进行分类,便于后续更有针对性地推送内容。

（3）素材管理

素材管理是管理公众号内所有内容素材的板块,其中包括图文消息、图片、视频、音频 4 种内容形式。运营者可以在这个板块中新建、修改或删除素材库中的内容。

6. 推广

推广是微信公众平台为运营者提供内容推广、广告收费、商品推广服务的模块,其中包含广告主、流量主、返佣商品推广 3 个板块。一般有推广广告需求的公众号运营者会使用广告主板块;有较多粉丝和阅读量且想赚钱的公众号运营者会使用流量主板块;有提高商品销量需求且愿意支付佣金的公众号运营者会使用返佣商品推广板块。

7. 统计

统计模块是微信公众平台为运营者提供数据分析功能的集合,其中包括用户分析、内容分析、菜单分析、消息分析、接口分析、网页分析 6 个板块。通过这些板块,运营者可以获知公众号的各类数据,从而便于进行数据分析及运营优化工作,下面对这些板块进行简单介绍。

(1)用户分析

用户分析是提供公众号关注者数据的板块,运营者可以通过这个板块看到公众号的总关注人数,最近一个月中新增或取关的用户数,现有用户的属性(性别、年龄、地域、手机型号等)等数据。

(2)内容分析

内容分析是提供公众号已群发内容数据的板块,运营者可以通过这个板块看到以往已群发内容的阅读量、在看量、转发量等数据。

(3)菜单分析

菜单分析是提供用户点击公众号菜单栏的数据情况的板块,运营者可以通过这个板块看到菜单栏中各个部分的点击人次数据。

(4)消息分析

消息分析是提供用户给公众号发消息数量的板块,运营者可以通过这个板块看到不同时间段公众号收到的用户消息数据。

(5)接口分析

接口分析是提供公众号接口被调用次数的板块,运营者可以通过这个板块看到公众号内部消息收发接口的数据。

(6)网页分析

网页分析是为公众号开发者提供对外接口数据的板块,方便拥有后台接口来源的公众号的开发者查看对接第三方网页所用的接口被调用的数据。

8. 设置

设置是设置公众号信息及权限的模块,其中包括公众号设置、人员设置、微信认证、安全中心、违规记录 5 个板块,下面进行简单介绍。

(1)公众号设置

公众号设置是设置公众号基础信息的板块,包括头像、名称、介绍、登录邮箱等,通过这一板块,运营者可以根据实际需求修改公众号的基础信息。

（2）人员设置

人员设置是设置公众号运营者权限的板块，运营者可以在这个板块中更换公众号管理员和添加、更换公众号运营者。

（3）微信认证

微信认证是申请、查看和修改微信认证的板块，和微信认证相关的事项，运营者都需要在这个板块中进行设置。

（4）安全中心

安全中心是进行公众号账号安全设置的板块，运营者可以在这个板块中修改密码、设置风险操作密码、设置开发者密码等。

（5）违规记录

违规记录是记录公众号违反微信规则情况的板块，运营者可随时进行查看，以便更清晰地了解公众号违规情况及微信相关规则。

9．开发

开发模块是运营者自行为公众号开发功能的区域，其中包括基本配置、开发者工具、运维工具、接口权限4个板块。通过这些板块，运营者可以在微信公众平台规定的范围内，通过编写程序，自行添加和修改公众号的功能及信息展示方式。

由于公众号是一个持续变化的平台，其后台界面每年都会有不同的变化，想了解最新的公众号后台介绍，请扫描右侧二维码查看补充文档。

2.5　本章小结

本章对公众号的初阶知识进行了介绍，讲述了公众号的基础知识（包括公众号的定义、发展历史、优势和作用）、公众号的分类、公众号的注册和公众号后台的相关知识。

通过本章的学习，读者应该掌握如何选择公众号的类别、如何注册公众号和如何进行公众号认证。

第 3 章
公众号运营

【学习目标】

知识目标	➤ 了解公众号常见的用户增长模式 ➤ 了解公众号常见的变现模式
技能目标	➤ 掌握公众号的策划方法 ➤ 掌握公众号内容制作和推送的方法

【本章导读】

要想做好公众号,除了了解公众号的基础知识外,还需要掌握公众号运营的方法。公众号的运营用一句话概括,就是在公众号的不同阶段做好该做的事,即把握公众号不同阶段的工作重心,使得公众号有条不紊地发展壮大。表 3-1 所示为公众号在不同阶段的工作重心。

表 3-1 公众号不同阶段工作重心

公众号阶段	工 作 重 心	公众号阶段	工 作 重 心
准备期	策划公众号	成熟区	实现公众号独立变现
起步期	制作和推送公众号的内容	衰退期	重新策划公众号
成长期	增加公众号粉丝数		

本章将按照公众号的发展阶段,讲解准备期的策划工作,起步期的内容制作和推送工作,成长期的用户增长工作,成熟期的变现模式 4 个部分的运营方法与技巧,而衰退期的策划工作由于和准备期的策划工作相似度较高,本章不进行讲解。

3.1 公众号策划

在公众号的准备期,最重要的工作是对公众号进行策划,即确定公众号的定位类型、用户属性、内容类型、调性、基本信息等。通过公众号的策划,运营者可以明确公众号的发展方向,确定公众号内容的风格,减少运营工作中的资源浪费,加速公众号的发展。本节将通过确定公众号类型,策划公众号定位,策划公众号调性和设计公众号基本信息这 4 个公众号定位工作中的步骤,分别讲解公众号策划的相关知识。

3.1.1　确定公众号类型

确定公众号类型是公众号定位的第一个阶段,不同类型的公众号可以有不同的定位方向,运营者需要找到适合自身的公众号类型,并明确公众号的核心目标,最终制定出公众号的整体运营方针。通常有以下 3 种公众号类型。

1. 媒体型

媒体型是指以内容推广为核心任务的公众号类型。媒体型的公众号,其核心目标一般是提升知名度、产生美誉度或积累粉丝,这类公众号的特点往往是内容观点鲜明,富有感染力,会尽力使自己的内容成为大众的谈资。一般有涨粉需求或有资讯、品牌宣传目的的公众号主体会选择媒体型,他们会通过制造一些话题或者提出某些能引发共鸣的观点,使自己公众号的内容在网络上广为传播,从而实现自己的目的。

例如 LinkedIn 公众号就是一个典型的媒体型公众号,该公众号会经常发布一些职场故事和职场知识,人们在被内容吸引的同时,会对 LinkedIn 的品牌印象更加深刻,使得这些 LinkedIn 公众号粉丝逐渐成为 LinkedIn 的用户。如图 3-1 所示为 LinkedIn 公众号的部分热门文章,LinkedIn 公众号正是依靠这些优质内容悄无声息地进行品牌宣传。

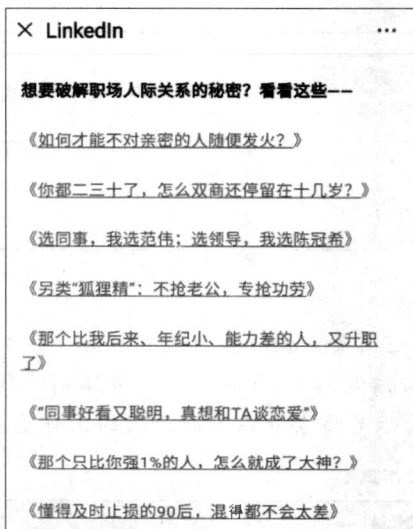

图 3-1　LinkedIn 公众号部分热门文章

2. 服务型

服务型是指以向用户提供产品服务为核心任务的公众号类型。服务型的公众号,其核心目标一般是帮助用户解决某个问题,注重功能层面的创新,这类公众号的特点是用户会更在意其中的功能好不好用,而不太在意公众号推送的内容是否精彩。一般以产品为核心的公众号主体会选择服务型,他们会通过设计个性化服务,规划用户进入公众号之后的体验路径,从而通过自动服务满足用户需求,使用户觉得该公众号对自己有价值。

例如“携程火车票”公众号就是一个典型的服务型公众号,用户可以在该公众号内预订旅行所用的火车票、酒店房间、景点门票等,如图 3-2 所示为“携程火车票”公众号提供订票服务的菜单栏板块。

3. 销售型

销售型是指以销售商品为核心任务的公众号类型。销售型的公众号,其核心目标一般是引导用户进行消费,这类公众号的特点往往是在公众号内有线上商城入口,能为用户提供各类电商服务。一般含有电商属性的公众号主体会选择销售型,这些主体会在公众号内直接提供商品购买入口,用户无须跳转到其他 App 就可以进行购买商品、查看物流、申请退货等行为。

例如"国馆"公众号就是一个典型的销售型公众号,用户可以直接在其中购买各类生活用品,如图 3-3 所示为"国馆"公众号中的商城入口。

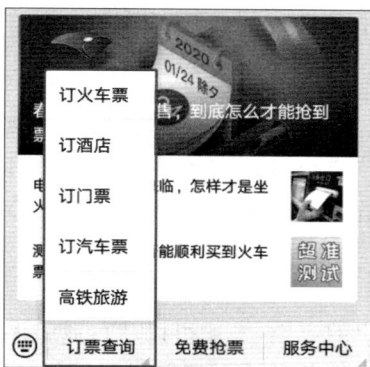

图 3-2　"携程火车票"公众号提供订票服务的菜单栏板块

图 3-3　"国馆"公众号中的商城入口

也有部分本身没有商城功能的公众号,通过帮助商家引导用户,实现互利共赢。例如"清单"公众号,通过商品测评和推荐来引导用户进入指定商家进行商品购买,如图 3-4 所示为"清单"公众号中的"好物 100"商品推荐目录。

此外,也有一些公众号运营者在运营之初就明确了公众号的核心目标,就可以直接通过核心目标来选择定位类型,再结合自身情况,制定出公众号的整体运营方针。例如在某旅游行业的公司中,宣传部门领导告知公众号运营者,公众号的核心目标是通过内容传播涨粉,那么可以直接明确该公众号适合媒体型定位,再结合公众号运营者擅长的文字内容领域和公众号所属的旅游行业,可以得出的整体运营方针是通过旅游类文章的推送,尽力使公众号的内容在旅游爱好者之间传播,从而吸引更多用户关注该公众号。

需要注意的是,公众号的定位类型不是一成不变的,需要运营者结合公众号实际发展阶段和公众号主体的目标,及时进行定位调整。例如"一条"公众号在创建之初,定位是媒体型,主打生活美学,以短视频为主要传播形式,吸引了不少用户进行关注。2017 年

图 3-4　"清单"公众号中"好物 100"商品推荐目录

后,由于公司需要扩大营收,该公众号的定位转为销售型,运营者通过在公众号内建设商城,以及向用户不断推荐商品的方式,实现了较高的营收增长。

3.1.2　策划公众号定位

在确定完公众号定位类型后,已经可以明确公众号的整体运营方向,下一个阶段就是策

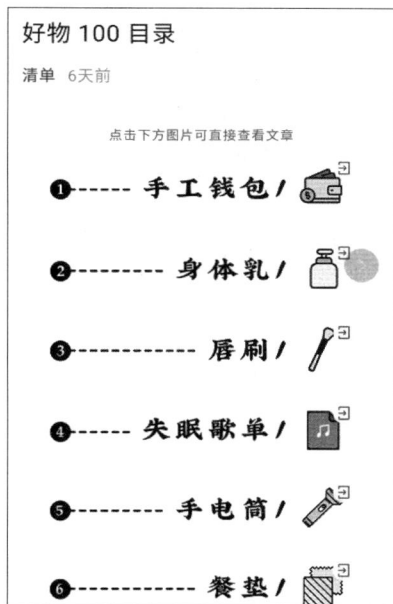

划公众号的定位。公众号的定位可以帮助运营者找到公众号的具体运营方向和运营思路，使公众号快速发展。常见的公众号定位包括用户定位和内容定位两个部分，下面进行详细介绍。

1. 用户定位

用户定位指的是确定公众号的目标用户属性，即明确自己公众号的目标用户是谁。用户属性包括年龄、性别、地域、兴趣等。一般来说，用户定位需要运营者参考行业用户属性和现有用户属性两个数据，采用二者的共同点，分析二者差异点并结合实际情况进行取舍，最终得出自己公众号的用户属性。下面详细讲解如何得到行业用户属性和现有用户属性。

（1）找到行业用户属性的方法

行业用户属性是指运营者所在行业的目标用户的属性，一般可以从行业整体数据、竞品用户数据、知名大 V 的粉丝数据这 3 个渠道获取。运营者可以按照自身实际需求，选择其中一项或者多项进行分析，数据项越多最终的行业用户属性的准确性越高。下面对这 3 个渠道分别进行介绍。

① 行业整体数据

运营者可以通过专业的行业分析机构来获取行业整体的用户属性，例如通过艾瑞咨询、199IT、易观、企鹅智酷等网站下载行业分析报告，这些网站提供的行业分析报告中往往会有该行业用户的性别、年龄、地域分布等数据。

运营者也可以通过百度指数、360 趋势、淘宝指数等网站进行关键词检索，找到行业整体的用户数据。例如一个足球领域的公众号，运营者可以在百度指数中搜索关键词"欧冠"，会得到在百度中搜索过关键词"欧冠"的用户的年龄、性别、地域、兴趣等属性，如图 3-5 所示为百度指数中搜索关键词"欧冠"得出的年龄属性。

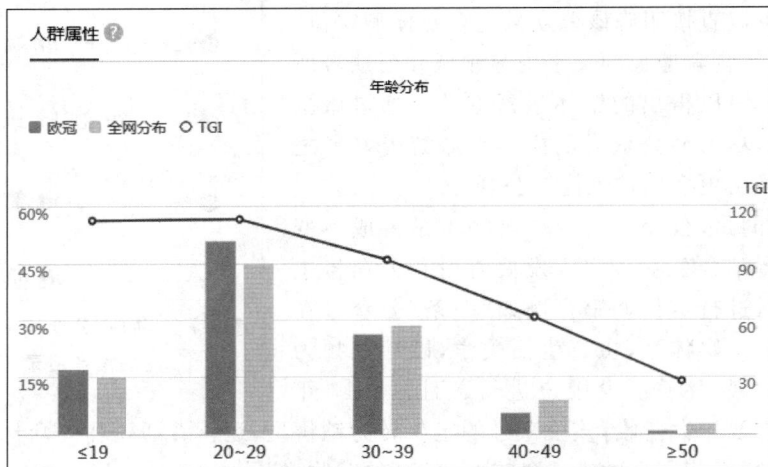

图 3-5   百度指数中搜索关键词"欧冠"得出的年龄属性

通过行业整体分析得到的用户属性数据精确度较差，一般用于帮助筛选竞品和作为辅助参考，而不能直接采用作为公众号的目标用户属性。

② 竞品用户数据

运营者可以分析竞品公众号的用户属性,从而归纳出同行的目标用户属性,分析的竞品越多,得出的行业用户属性越精准。一般通过竞品分析获得用户属性的方法有两种,一种是通过第三方工具(例如新榜、西瓜数据、清博数据等)搜索竞品公众号的名称,可以查看到竞品公众号的用户数据,图 3-6 所示为通过西瓜数据得出的"十点读书"公众号的用户性别、年龄与族群属性。

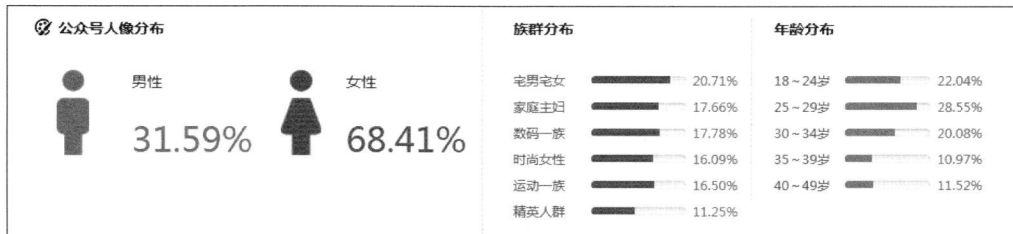

图 3-6　"十点读书"公众号用户属性

但是由于西瓜数据等第三方工具是通过大数据算法推测出公众号数据的,不一定与目标公众号真实用户属性完全一致。因此,在实际工作中,我们需要结合另一种方法,即分析竞品公众号以往推送的内容,从中推测用户的性别、年龄、喜好等属性。例如推送情感类、亲子类内容较多的公众号一般女性用户居多,推送养生、食补、防衰老类内容较多的公众号一般中老年用户居多。

通过竞品分析得出的用户属性数据准确度较高,一般作为分析行业用户属性的主要依据。在不同的竞品用户数据之间,运营者需要找出占比较高的数据项作为用户属性,例如分析了 10 个公众号的用户性别,其中 8 个公众号的用户男性占比高,2 个公众号的用户女性占比高,因此可以总结为公众号用户中男性占比高。

③ 知名大 V 的粉丝数据

运营者还可以通过微博、小红书、豆瓣等平台,搜索行业相关的知名用户(大 V),分析他们的关注者属性,获得行业用户属性数据。例如通过微博分析数码行业用户属性,就可以先通过"数码""手机测评"等关键词搜索,或者通过微博影响力榜单,找到行业内的大 V。然后使用 BlueMc 这一款工具,通过大 V 名字的检索,获取到该大 V 的关注者数据,包括职业、兴趣爱好、喜欢的明星等,如图 3-7 所示为通过 BlueMc 得出的数码大 V"搞机圈的那些事"的部分关注者属性数据。

知名大 V 的关注者数据往往仅在运营者无法从行业整体数据和竞品用户数据中得出确切用户属性的情况下,作为一个辅助与补充型的数据被使用。

下面通过一个由单个竞品分析得出行业用户属性的简单案例,即例 3-1,帮助读者理解如何确定行业用户属性。

例 3-1　旅游公众号确定行业用户属性

小娜在确定公众号定位类型为媒体型,并把运营方针定为通过图文内容实现涨粉后,开始着手定位公众号的用户。她打算先通过竞品分析来确定行业用户属性。

首先小娜通过咨询同行,得知了"环球旅行"是行业内较为知名且用户量较大的公众号,

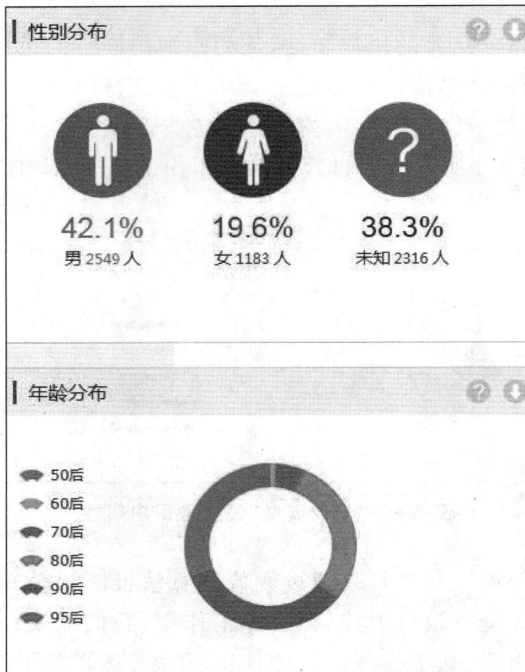

图 3-7　数码大 V"搞机圈的那些事"部分关注者属性数据

她决定对该公众号进行分析。

小娜在西瓜数据网站中选择了"公众号分析"标签中的"公众号诊断"选项,在"诊断的公众号"文本框中输入"环球旅行"进行查询,如图 3-8 所示。

图 3-8　输入"环球旅行"进行查询

在"诊断历史"中查看了该公众号的用户数据,如图 3-9 所示。

通过图 3-9 可以得出"环球旅行"公众号用户以女性为主,18～34 岁用户占比较高,且

图 3-9 "环球旅行"公众号用户数据

宅男宅女、家庭主妇、数码一族的占比也较高。

接着小娜翻阅了该公众号往期的内容,其中部分内容的标题如图 3-10 所示。

标题
虎鲸被虐待只为取乐人类:上海海昌海洋公园,我劝你善良!
《延禧攻略》中的他们,如果来一场旅行会选择住哪儿?
今夏最好看的美食纪录片,这才是中国人自己的深夜食堂!
你的心情,决定了你的旅行地,看看你适合哪一个?
小S哭到发抖背后:是她们亲眼看着自己母亲被杀死……
摄影师P掉了所有人手里的手机后,震撼的一幕出现了……
让这位63岁的姑娘告诉你,如何活成18岁的模样!
台风山竹爆出最震惊一幕:他们无能为力,只有等死
陈意涵:36岁的她谈了47次恋爱,终于嫁给了爱情
小夫妻4万买下200平婚房,隐居山林,与泥土为伴,将生活过成了童话
《延禧攻略》富察皇后火了,37岁的秦岚活成了女人最美的样子
她是《如懿传》中的富察皇后,年轻时比刘亦菲还清纯,是无数人心中的白月光
关于国庆假期延长的通知
他把70岁患癌父亲"骗"到国外,从14000英尺高空飞跃而下,奇迹发生了……
一去西藏误终身,从此颜值是路人
耗资1亿的冒险!中国最疯狂的一对夫妻,舍去现世安稳,足迹与爱情跨越山和大海

图 3-10 "环球旅行"公众号部分内容标题

通过对内容的分析,小娜发现大量的内容与明星、影视作品、旅行故事相关,其中明星、影视作品一般女性用户较为关注,因此通过往期内容可以得出关注该号的用户以女性为主,对明星、影视作品、旅行有兴趣。

因此,小娜最终得出的行业用户属性如下。

- 性别:女性占比六成;
- 年龄:中青年为主;
- 兴趣点:对明星、影视作品、旅行有兴趣。

(2)找到现有用户属性的方法

现有用户属性是指运营者或运营者所在的公司现有用户的属性。如果运营者已经有公众号、微博等新媒体平台,可以直接在这些新媒体平台的后台中查看用户属性,也可以直接查看到用户的性别、地域、年龄、手机型号等信息,图 3-11 所展示的是某公众号后台显示的用户年龄数据。

如果运营者有自己的 App 或网站,就可以请求技术人员帮助整理内部信息,增加用户数据获取的渠道,从而获知用户的所在区域、手机型号、使用 App 的时长、对 App 内哪个模块更感兴趣以及喜欢点击 App 中的哪类标签。通过这些数据,可以帮助运营者了解用户的地域分布及兴趣点。

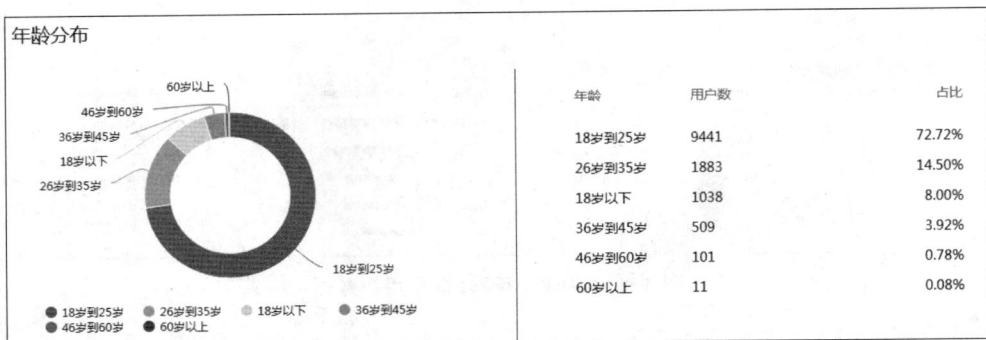

图 3-11　某公众号后台显示的用户年龄数据

统计完行业用户属性和现有用户属性后,运营者需要结合实际情况选择其中的属性进行组合和调整,确定自己公众号的用户属性。例如某公司有一个几千万粉丝的公众号,那运营者需要将新公众号用户属性设计得更贴合现有用户属性,便于从现有公众号中吸引用户到新公众号中。而对于白手起家的运营者,没有现有用户,则直接采用行业用户属性作为自己公众号的用户定位即可。

2. 内容定位

内容定位指的是确定公众号的内容,即确定公众号要发什么类型的内容。定位内容往往需要先调查目标用户的需求,再比对目标用户需求和自身能力的匹配程度,最终选出合适的内容类型,即调查需求和分析需求。

（1）调查需求

运营者需要通过网络、亲朋好友、现有用户等渠道找到符合用户定位的人群,对他们进行需求调查,即调查目标用户想看什么、喜欢什么、想要什么。一般有以下 3 种调查方式可以选择。

① 调研问卷

调研问卷是指设计调研问卷并发放给目标用户,目标用户填写后提交给运营者,从而使运营者获取目标用户的需求信息的调研方法。通常调研问卷的题目数量不超过 10 题,以选择、填空和简答题型为主,题目内容包括用户的喜好、用户常浏览的公众号、用户工作岗位、用户的兴趣爱好、用户收入情况等。在发放问卷时,运营者会通过社群、网站、App、私聊等渠道发给目标用户。根据行业规模不同,调研问卷预定调查的用户数量从 50 人至 200 人不等。

② 电话/面访

电话/面访是指运营者通过电话或当面沟通的方式,与目标用户一对一地私聊沟通,获取详细的目标用户需求和想法的调研方法。一般运营者会询问 50～100 人是否愿意接受调查,从中选出 5～30 个愿意接受调查且对运营者较为信任的用户,通过电话或者面访的形式逐一进行沟通。沟通的内容包括用户生活与工作的现状,用户关注哪些公众号及原因,用户喜欢阅读哪些内容并且一般在什么时候阅读等。

③ 研究朋友圈

除了直接向目标用户求取需求,运营者还可以自行发现目标用户的需求,其中研究目标用户的朋友圈就是一个很好的方法。运营者可以持续关注目标用户的朋友圈(大约 50 人即可),统计他们朋友圈内容的类型(即什么类型的主题)、形式(即图片、文字、链接等形式)、关键词、时间等信息,经过分析后可以得出目标用户的喜好或需求。例如一个职场类公众号的运营者,经过调查发现目标用户经常会半夜在朋友圈吐槽加班和不靠谱的老板,那么就可以推测出这些目标用户在晚上有了解如何避免加班和如何与老板沟通的需求。

在需求调查完成后,运营者需要依据用户反馈,把用户的喜好和关注点转化为用户的需求点。例如用户喜欢看美剧,那运营者就可以把需求点设为"好看的美剧"。

(2) 分析需求

在完成需求调查后,运营者需要进行一系列的分析行为,即把用户的需求按照被提及的频率进行排序,再将自身对于这些需求的满足能力进行排序,构建"需求-能力"分析图,最终选出自己公众号要发的内容类型,完成内容定位。

"需求-能力"分析图是以需求为横坐标、以能力为纵坐标的一种四象限图,如图 3-12 所示。

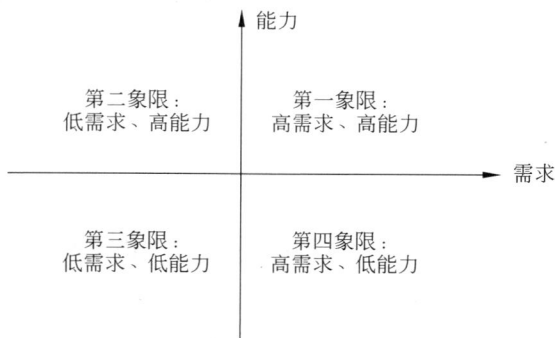

图 3-12　"需求-能力"分析图

"需求-能力"分析图的第一象限是"高需求、高能力"区域,即这一类需求有很多用户需要,且运营者有较高的能力来满足。对于这一类需求,运营者在选出对应的内容类型后,往往会作为公众号最主要的内容类型。例如某电商知识分享类的公众号,用户对电商运营方法有极高的需求,对应的内容是电商运营知识类内容,因此该公众号的运营者把这类内容作为了公众号的主要内容类型。

"需求-能力"分析图的第二象限是"低需求、高能力"区域,即这一类需求用户不太需要,但运营者有较高的能力来满足。对于这一类需求,运营者在选出对应的内容类型后,可以偶尔进行尝试,逐步吸引对这类内容有需求的用户关注自己的公众号。例如上述电商知识分享类的公众号,用户对于怎么做国外电商平台没有太多的需求,但是运营者本人对于对应的跨境出口电商知识有着较高的了解,因此他平均一周发一篇该内容类型的图文,使公众号中对跨境出口电商知识有一定兴趣的现有用户阅读并转发该内容,从而吸引对跨境出口电商知识有兴趣的用户关注。

"需求-能力"分析图的第三象限是"低需求、低能力"区域,即这一类需求用户不太需要,且运营者的能力无法满足。对于这一类需求,运营者在选出对应的内容类型后,应尽量少在公众号内进行制作和推送。例如上述电商知识分享类的公众号,用户对于获取电商物流服务没有太多的需求,且运营者也没有这方面的资源,因此在该公众号中几乎看不到相关的内容。

"需求-能力"分析图的第四象限是"高需求、低能力"区域,即这一类需求有很多用户需要,但运营者的能力无法满足。对于这一类需求,运营者在选出对应的内容类型后,往往需要借助第三方的帮助来满足用户的需求。例如上述电商知识分享类的公众号,用户对获取爆款商品货源有极高的需求,但是运营者本身没有该类资源,因此该公众号的运营者与第三方供应链公司合作,在公众号内提供了采购爆款商品的服务。

通过"需求-能力"分析图,运营者可以清晰地选择出哪些类型内容需要重点制作和推送,哪些内容可以适当制作和推送,哪些内容不必制作和推送。

3.1.3　策划公众号调性

公众号调性指的是公众号的个性,通俗来说就是一个公众号的"人设"。公众号调性包括公众号内容的风格、公众号的立场、运营者的情感倾向等,通过策划公众号的调性,可以提升公众号的识别度和独特性,并使公众号具有人格化属性,容易让用户产生好感。常见的公众号调性有活泼、严肃、风趣、谨慎、极端等。

运营者在策划公众号调性时,往往需要通过公众号内容定位、竞品分析和自身的性格进行综合考虑判断,下面进行详细介绍。

1. 公众号内容定位

公众号的调性要和内容定位相符合,避免出现风格与内容相冲突的情况。例如"澎湃新闻"公众号,内容定位为专业的新闻报道及新闻评论,因此其调性为严肃、规范。

2. 竞品分析

公众号在设计调性时可以参考同行公众号的调性,创造出自身特有的风格,突出差异化,便于用户记住该公众号。例如"果壳"公众号,内容定位是知识科普,经过竞品分析发现大多数同行都是严肃的调性,因此"果壳"公众号选择了有趣的调性。

3. 自身的性格

因为制作符合自身性格的内容远比制作不符合自身性格的内容简单、真实,所以为了减少运营公众号的难度,公众号调性在策划时往往会结合运营者自身的性格。例如"血饮"公众号,运营者本身是一个较为"热血"的人,因此公众号的调性也较为激进。

3.1.4　设计公众号基本信息

除了上述内容,运营者还需要结合公众号调性和内容定位,为公众号设计基本信息,这也是公众号定位的最后一步。一般设计公众号基本信息包括设计名称、设计简介、设计头像、设计自动回复和设计菜单栏5个部分,下面逐一讲解。

1. 设计名称

公众号的名称往往就是公众号给用户的第一印象,因此公众号名称不能随意设计,需要遵循一定的方法,下面介绍 6 种常用的公众号名称设计方法。

（1）品牌化

品牌化是指结合品牌名称设计出公众号名称的方法,这个方法的优势在于公众号可以利用品牌知名度来加速发展,公众号的发展也可以提升品牌的知名度。典型的利用品牌化取名的公众号如知乎的"知乎日报"公众号,直接采用了"知乎"这一品牌名。

（2）场景化

场景化是指基于一个"用户使用该公众号"的场景设计公众号名称的方法,这个方法的优势在于通过一个场景的重复出现可以加深用户对公众号的记忆,产生行为习惯,使得用户在遇到该场景时就能想起该公众号,从而提升公众号的影响力。典型的利用场景化取名的公众号如"十点读书"公众号,就是通过名称构建了一个学习场景,提醒用户在十点的时候应该来该公众号读书学习,使用户产生"在十点时候读书"的习惯,从而提升自身的影响力。

（3）趣味化

趣味化是指通过一些趣味的词句设计公众号名称的方法,由于有趣的内容往往便于用户记忆它,因此趣味化的名称很容易使得用户快速记住该公众号。典型的利用趣味化取名的公众号如"跟我学个 P"公众号,本身是以 PPT 知识类内容为主,它采用了趣味化的方式设计公众号名称,使得名称既符合内容定位,又有一定的趣味性,容易给新用户留下深刻印象。

（4）个人化

个人化是指采用个人的名字、昵称等信息设计公众号名称的方法。对于用户来说,与个人沟通相比,与企业机构沟通更具有亲和力,因此个人化的名称更容易让用户信任该公众号。典型的利用个人化取名的公众号如"局座召忠"公众号,通过把粉丝对张召忠的昵称"局座"作为公众号名称,使得该公众号更具有亲和力。

（5）需求口语化

需求口语化是指"把用户的需求通过口语化的方式进行表达"的设计公众号名称的方法,这个方法的优势在于可以便捷地让用户知道通过该公众号可以获得什么,从而使得关注该公众号的用户类型更加精准。典型的利用需求口语化取名的公众号如"吃在重庆"公众号,通过该公众号能了解到重庆的美食信息,从而使得只有对重庆美食感兴趣的用户才会关注该公众号,便于该公众号减少非目标用户的关注量,增加了用户群体的精准性。

（6）行业化

行业化是指采用一些行业专属词来设计公众号名称的方法,这个方法的优势在于用户通过行业关键词搜索公众号时,采用行业化取名的公众号会直接显示在用户的搜索结果页面上,可以为该公众号增加来自"自行搜索"渠道的关注量。典型的利用行业化取名的公众号如"创业家"公众号,在微信中搜索"创业"关键词就能很容易看到该公众号。

此外,在设计公众号名称时还需要注意以下几个事项。

- 微信公众平台官方对公众号名称的限制是 4～30 个字符,一个汉字记为 2 个字符;
- 每一个公众号名称都具有唯一性,微信公众平台官方不允许公众号重名;

- 公众号名称不宜太长,在 10 个汉字以内为佳;
- 公众号名称中应尽量避免使用生僻字、多个同音字。

一般来说,公众号的运营者会在注册公众号之前就决定好采用什么名称,在注册时直接进行填写,填写公众号名称的位置如图 3-13 所示。

图 3-13　公众号注册界面填写公众号名称的位置

也有部分公众号运营者在运营的过程中需要修改名称,个人订阅号的运营者在公众号后台“设置”模块的“公众号设置”板块中单击如图 3-14 所示的“修改”按钮即可修改公众号名称。

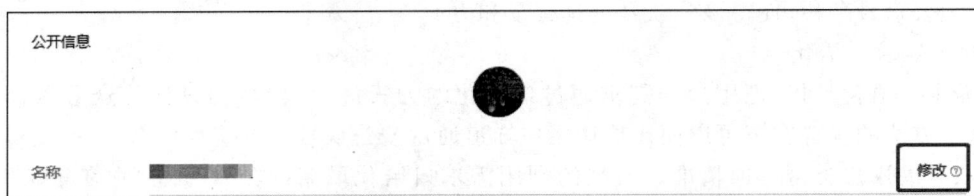

图 3-14　个人订阅号修改公众号名称的位置

组织订阅号和服务号如果需要修改公众号名称,则需要重新进行认证,在认证过程中重新填写公众号名称。

2.设计简介

公众号简介是一个公众号最先展示在用户面前的内容,让用户能了解到这个公众号是什么、有什么用。如图 3-15 所示为在微信中搜索“运营”得到的部分结果,其中方框标记的内容即为公众号简介。

运营者在设计公众号简介时,往往需要结合自身实际情况,选择公众号介绍的内容,常

图 3-15　在微信中搜索"运营"得到的部分结果

见的公众号简介形式有以下几种。

（1）介绍自己

介绍自己即向用户表明自己是谁，例如"丁香医生"公众号的简介是"有温度、有知识、有态度。丁香医生，新一代大众健康媒体"，可以让用户快速了解"丁香医生"公众号是什么。

（2）展示公众号的功能

展示公众号的功能即让用户通过简介快速知道公众号的功能，例如"微信游戏"公众号的简介是"关注微信游戏官方公众账号，即时收取游戏讯息，还能查看各游戏攻略，抢先体验活动"，可以让用户快速了解通过该公众号可以做什么。

（3）给予用户诱惑

给予用户诱惑指的是通过设置福利或者诱人的话术，引导用户关注公众号的公众号简介形式，例如"运营研究社"公众号的简介是"关注我，送你 155 个运营必看干货，新人回复关键词'精品'即可领取。不让运营人孤寂地成长，42 万运营人都在关注本号"，通过送福利和利用人们的从众心理来诱惑用户进行关注。

（4）介绍公众号内容

介绍公众号内容是指通过介绍公众号主要推送的内容来吸引用户进行关注的公众号简介形式，例如"清单"公众号的简介是"用心生活，认真花钱。从厨卫家居到美容个护，清单告诉你各种买买买的攻略、误区，推荐物超所值的好东西，让你告别乱买，理性剁手"，介绍了公众号中购物攻略、商品推荐、网购误区等内容类型，接着告诉用户这些内容对他们有"告别乱买，理性剁手"的价值，从而吸引用户进行关注。

此外，公众号运营者在设计公众号简介时还需要注意以下事项。

- 微信公众平台设定的字数限制为 4～120 字，在实际工作中公众号的介绍往往在 10～50 字为宜；
- 公众号简介的文字要尽量简洁明了，不要过于琐碎；
- 每一个月最多可以修改 5 次简介；
- 公众号的简介需要不定期进行更新，使其与公众号定位匹配，如果公众号计划进行大型活动时，也需要通过修改简介来为活动进行宣传。

设计完成公众号简介后，运营者需要进入公众号后台进行设置，设置简介的位置在公众号后台的"设置"模块的"公众号设置"板块中，如图 3-16 所示。

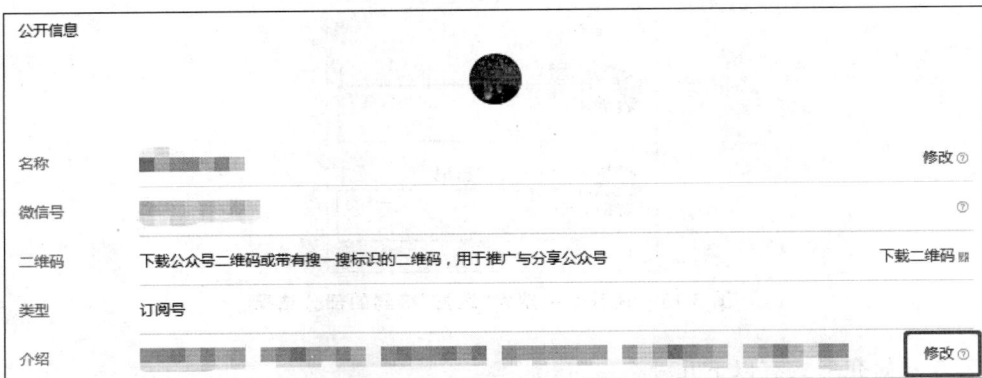

图 3-16   公众号修改简介的位置

3. 设计头像

公众号的头像和微信个人号的头像一样,也是一个重要的身份标识,如图 3-17 所示为"北京公交"公众号、"歪脑运营"公众号和"韦物主义"公众号的头像。

运营者在设计公众号头像时,一般需要优先考虑品牌、公司、组织或项目的 LOGO 图片,或与公众号主体相关的照片、卡通像等图片,此外运营者还可以考虑使用一些风景照、艺术画等图片。

此外,公众号运营者在设计公众号头像时还需要注意以下事项。

图 3-17   公众号头像

- 每一个月最多可以修改 5 次头像;
- 上传作为头像的图片时,只能使用 BMP、JPEG、JPG、GIF、PNG 格式的图片,且文件大小不能超过 2MB;
- 运营者在使用风景照、艺术画等图片作为头像时,需要留意该图片的原作者是否允许使用,以免产生侵权事件。

在设计完成头像后,运营者需要进入公众号后台进行设置,设置头像的位置在公众号后台的"设置"模块的"公众号设置"板块中,如图 3-18 所示。

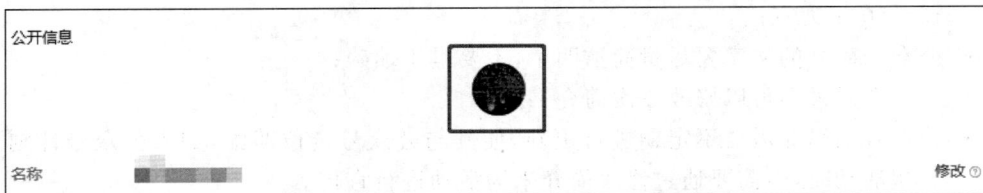

图 3-18   公众号修改头像的位置

4.设计自动回复

自动回复即在第 2 章中提到过的公众号后台"自动回复"功能插件所提供的服务,包含关键词回复、收到消息回复和被关注回复 3 个组成部分,下面进行详细介绍。

（1）关键词回复

关键词回复指的是在公众号后台设置指定关键词,用户在公众号内发送的消息如果触发了该关键词,公众号会自动向用户推送该关键词对应的预设内容。运营者在设计关键词自动回复时,需要对用户可能会提出的问题和想了解的内容有足够的预判,从而设计对应的关键词回复,例如电商知识分享类公众号,运营者就需要想到用户可能会查询"做电商有哪些平台""该怎么选品""该选什么物流"等问题,因此需要对"平台""选品""物流"等关键词预设相关问题的答案。关键字回复的设置界面如图 3-19 所示。

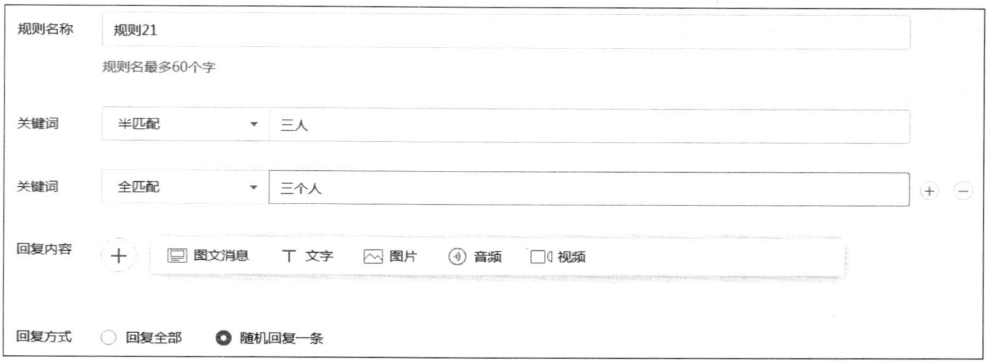

图 3-19　关键字回复的设置界面

在图 3-19 所示的设置界面中,"规则名称"文本框是填写每条关键词回复名称的位置,运营者可以自行填写便于后续运营中识别不同关键词的回复,该名称只有运营者在公众号后台可见,用户无法看到。

"关键词"文本框是填写用于被触发的关键词的位置,可以设置为半匹配或者全匹配:半匹配是指用户输入的内容包含这个关键词的时候,对应的关键词回复便会被触发,例如设置关键词"领取奖品",那用户发送"领取"或者"奖品"都可以得到回复;全匹配是指用户输入的内容必须和这个关键词完全一致,对应的关键词回复才会被触发,例如设置关键词"领取奖品",那用户必须发送"领取奖励"才可以得到回复。

"回复内容"选项是填写上文提到的关键词对应的预设内容的位置,即用户触发关键词后推送给用户的内容,有图文消息、文字、图片、音频、视频 5 种形式,运营者可以为一个关键词设置多个回复内容。

"回复方式"单选按钮是设置回复方式的位置,运营者可以在此处选择用户在触发关键词时,是一次性推送全部回复内容,还是随机推送一条内容。

（2）收到消息回复

收到消息回复是指用户在发送非关键词消息时,公众号自动回复的预设内容。运营者在设计收到消息回复时,一般会参考使用传统电话客服的自动回复话术,例如请用户稍等、请用户留言、植入广告等内容,如图 3-20 所示为"酷玩实验室"公众号的收到消息回复话术,包含请用户稍等和引导用户设置星标的内容。

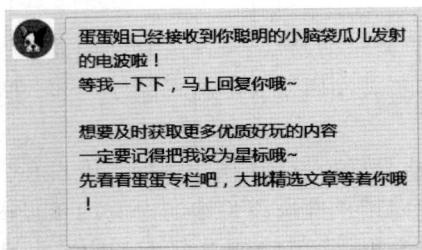

图 3-20　"酷玩实验室"公众号的收到消息回复话术

因为收到消息的内容是固定的,有时候自动回复用户消息时会发生答非所问的现象,因此并非每个公众号都会设有收到消息回复。此外,能够及时回复用户消息的运营者往往也不会设置收到消息回复。收到消息回复的设置界面如图 3-21 所示。

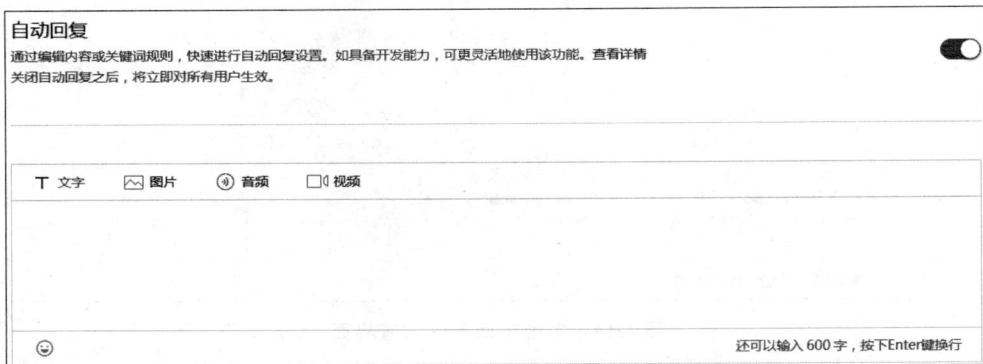

图 3-21　收到消息回复的设置界面

收到消息回复的内容有文字、图片、音频和视频 4 种形式,运营者可以根据需要进行设置。

（3）被关注回复

被关注回复是指用户在完成关注该公众号这个行为时,该公众号自动推送的内容,该内容也被称为欢迎语。运营者在设计被关注回复时,可以对以下内容要素进行选择和组合。

- 感谢用户的关注;
- 介绍公众号的主体、属性或类型;
- 告知用户该公众号提供的内容、服务、产品或商品;
- 告知该公众号对于用户的价值点;

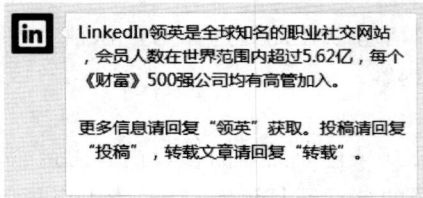

图 3-22　LinkedIn 公众号的被关注回复

- 告知用户该公众号的使用指南;
- 引导用户进行"查看历史图文""使用菜单栏""下载 App"等行为;
- 给予用户一些福利。

例如 LinkedIn 公众号的被关注回复包含了介绍公众号与使用指南,如图 3-22 所示。

被关注回复的设置规则和界面与收到消息回复的规则和界面相同,这里不再赘述。下面通过例 3-2 来帮助读者理解如何设计自动回复。

例 3-2　小娜设计自动回复的过程

经过讨论,小娜决定给公众号取名为"旅行中的那些事儿"并设计完成了头像与简介,接下来需要设计自动回复。小娜先对被关注回复进行了设置,决定采用以下要素组合成内容。

- 感谢用户的关注;
- 告知用户该公众号提供的内容、服务、产品或商品;
- 给予用户一些福利。

然后编辑出了如下内容:

恭喜你终于找到组织啦!

欢迎来到旅行中的那些事儿,这里有各种有趣的旅行故事,也有为你精心挑选的旅游攻略,还定期有爆款旅行计划,吃喝玩乐一键搞定,我们和你一起游遍世界!

回复【福利包】即可免费领取 39 个城市的旅游攻略!

接着小娜进入公众号后台,在"自动回复"功能插件的"被关注回复"选项卡中选择"文字"形式,输入了被关注回复内容,并单击"保存"按钮,如图 3-23 所示。

图 3-23　小娜设置被关注回复

由于小娜每天都会多次查看公众号后台,能够及时回复用户消息,所以她认为没必要设置收到消息回复。于是她直接开始关键词回复的设置,即被关注回复中的"福利包"关键词的设置,具体步骤如下。

STEP 01　先进入了公众号后台"自动回复"功能插件的"关键词回复"选项卡,单击"添加回复"按钮,如图 3-24 所示。

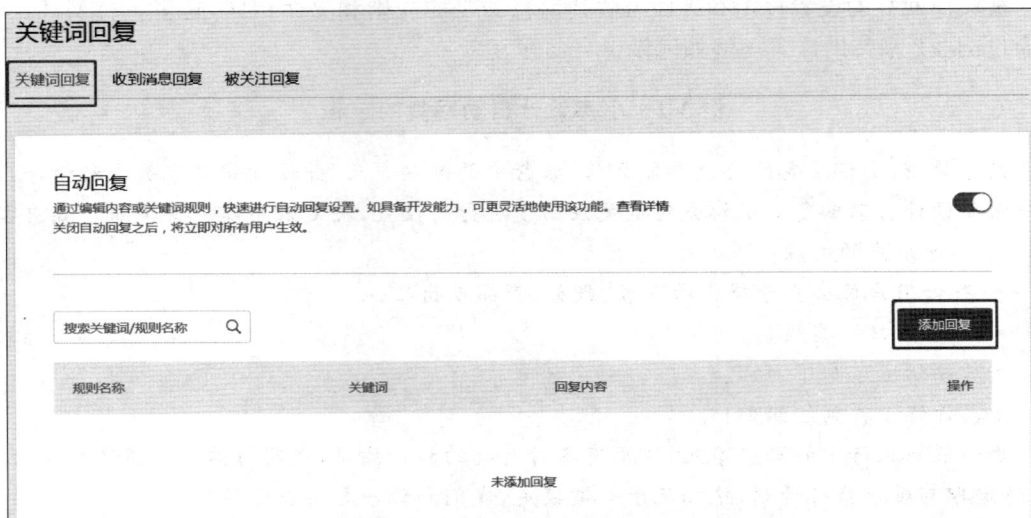

图 3-24　进入"关键词回复"选项卡,单击"添加回复"按钮

STEP 02　在"规则名称"文本框输入了"关注福利",在"关键词"下拉列表框选择了"全匹配",输入"福利包",如图 3-25 所示。

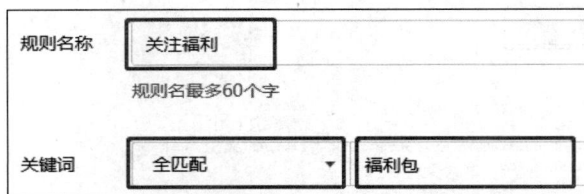

图 3-25　设置"规则名称"和"关键词"

STEP 03　为了避免用户误解被关注回复的含义和写错,单击⊕按钮增加半匹配关键词"【福利包】"和半匹配关键词"福利",如图 3-26 所示。

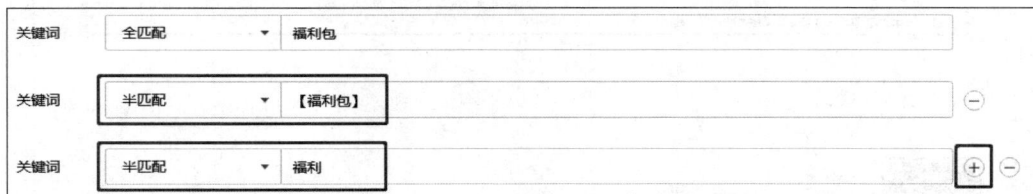

图 3-26　增加关键词

STEP 04　在"回复内容"选项单击⊕按钮选择了"文字"形式,如图 3-27 所示。

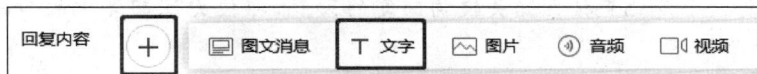

图 3-27　选择文字形式

STEP 05　在"添加回复文字"文本框内输入了如下内容：

点击下方蓝字"福利包"领取 39 个城市的旅游攻略！

`<a href="https://pan.baidu.com/s/××…××">福利包</a>`

STEP 06　在"回复方式"单选按钮处选择了"回复全部"选项，如图 3-28 所示。

图 3-28　在"回复方式"单选按钮处选择了"回复全部"选项

STEP 07　单击"保存"按钮即完成了该关键词的设置。

📖 给自动回复的文字添加链接

在一些公众号的自动回复中，可以看到有蓝色字体的文字，点击后可以打开公众号外的网页，如图 3-29 所示的"歪脑运营"公众号，在关注后的自动回复中可以看到蓝色的链接文字，点击后可以进入该公众号的云盘网页。

图 3-29　带链接的蓝色文字部分及点击后打开的链接

要实现这一效果，需要在公众号后台的自动回复设置中插入链接代码"`<a href="网址链接">对应文字</a>`"。

例如想给被关注回复中的"点击链接"4 个字添加百度首页的链接，则需要插入代码"`<a href="https://www.baidu.com">点击链接</a>`"。

5. 设计菜单栏

菜单栏即在第 2 章中提到过的公众号后台"自定义菜单"功能插件所提供的服务，菜单栏分为母菜单栏和子菜单栏两个部分,每一个公众号都可以设置最多 3 个母菜单和各自的 5 个子菜单,如图 3-30 所示。

图 3-30   公众号母菜单和子菜单

运营者在设计菜单栏时,需要结合自身的公众号类型,根据自身可提供的内容、服务和用户的需求设计菜单栏的结构。具体内容如下。

(1) 媒体型

媒体型的公众号在菜单栏设计上更注重内容展示和对外引流两个方面。内容展示方面,运营者一般会将阅读量较高的往期内容按照时间、内容类型等进行分类,再将不同类别的内容链接放进菜单栏;对外引流方面,运营者一般会将 App 链接、小程序链接、网站链接等外部平台链接放进菜单栏,以起到引流作用。此外,常见的媒体型的公众号菜单还包括公众号介绍、作者介绍、投稿方式等内容。例如表 3-2 所示为"卢克文工作室"公众号的菜单栏结构。

表 3-2   "卢克文工作室"公众号菜单栏结构

母菜单栏名称	子菜单栏名称	菜单栏内容
历史文章	印度调查报告	往期图文
	抢夺存量市场	往期图文
	文章音频	链接至蜻蜓 FM 的图片
	历史文章	公众号历史消息页面
读者交流		链接至知识星球小程序
联系我们	联系作者	微信二维码
	商务合作/转载	微信二维码

"卢克文工作室"公众号是一个以时事新闻分析内容为主的公众号。该公众号组合了历史内容展示、粉丝社群入口、小程序链接、其他内容平台链接等菜单内容类型,用户在该公众号中可以通过"印度调查报告""抢夺存量市场""历史文章"菜单查看对应的历史内容;通过"文章音频"菜单可以进入蜻蜓 FM 的网站;通过"读者交流"菜单可以进入位于"知识星球小程序"中的粉丝社群。

(2) 服务型

服务型的公众号在菜单栏设计上更注重为用户提供服务,运营者一般会先将自己能向用户提供的服务进行归类,然后按照不同服务类别整理出菜单栏。常见的服务型的公众号菜单包括服务介绍、服务项目、联系客服、App 下载等内容类型,例如表 3-3 所示为"新媒体管家"公众号的菜单栏结构。

"新媒体管家"公众号为用户提供的是多个内容平台的运营插件服务,可以帮助运营者更好地运营各个内容平台,例如为公众号后台安装新媒体管家插件后,可以直接导出公众号的各类数据,简化了运营者数据分析的工作。该公众号组合了服务介绍、服务项目、插件下

表 3-3 "新媒体管家"公众号菜单栏结构

母菜单栏名称	子菜单栏名称	菜单栏内容
插件指南	最新版本	插件的下载链接
	功能介绍	插件的使用指南
管家服务	广告接单	广告对接服务页面
	我要涨粉	公众号涨粉服务页面
	在线课程	新媒体培训课程页面
	运营干货	运营知识分享图文
个人中心	福利兑换	兑换奖励页面
	商务合作	微信二维码
	联系客服	吐个槽社区入口

载等菜单内容类型,用户在该公众号中通过"最新版本"菜单可以下载最新的插件安装包;通过"功能介绍"菜单可以了解插件的功能介绍和使用方法;通过"广告接单""我要涨粉"菜单可以使用该公众号提供的广告对接和涨粉工具功能。

（3）销售型

销售型的公众号在菜单栏设计上更注重商品销售、销售服务等销售相关的内容,常见的销售型的公众号菜单包括商城入口、促销活动、销售服务、订单信息查询、个人中心等内容类型,例如表 3-4 所示为"每日优鲜"公众号的菜单栏结构。

表 3-4 "每日优鲜"公众号菜单栏结构

母菜单栏名称	子菜单栏名称	菜单栏内容
优鲜商城		商城小程序入口
天天赚钱		优惠补贴领取页面入口
我的	我的订单	个人中心页面
	联系客服	咨询客服页面
	经营证件	每日优鲜公司证件的图片

每日优鲜是一家生鲜电商公司,其公众号的主要作用是帮助该公司销售商品。"每日优鲜"公众号组合了商城入口、销售服务、个人中心等菜单内容类型,用户在该公众号中通过"优鲜商城"菜单可以进入商城购物;通过"我的订单"菜单可以查看账户余额、订单信息等内容。

除此之外,运营者在菜单栏设计中还用到一些通用菜单内容类型,例如运营者的联系方式(通常名称为"联系我们")、商务合作、领取福利等。

在设计完成菜单栏后,运营者需要进入公众号后台的"功能"模块的"自定义菜单"功能插件中进行设置,设置界面如图 3-31 所示。

在图 3-29 所示的菜单栏设置界面中,位置 1 是菜单栏布局设置区域,运营者可以在该区域增加菜单并进行排序。

图 3-31   菜单栏设置界面

位置 2 是编辑菜单名称的位置,母菜单名称最多 4 个汉字或 8 个字母,子菜单名称最多 8 个汉字或者 16 个字母。

位置 3 是设置菜单内容的区域,运营者可以为每个菜单设置"发送消息(即点击后自动发送给用户一个消息)""跳转网页(即点击后跳转至指定网页)""跳转小程序(即点击后跳转至指定小程序)"之一的动作类型,其中"发送消息"包括发送图文消息、发送图片、发送音频、发送视频等内容形式,不同类型公众号有不同的菜单栏权限,如表 3-5 所示。

表 3-5   不同类型公众号菜单栏权限

动 作 类 型	内 容 形 式	个人订阅号	组织订阅号	服 务 号
发送消息	图文消息	√	√	√
	图片	√	√	√
	音频	√	√	√
	视频	√	√	√
	纯文字			
跳转网页	公众号图文页	√	√	√
	外部网页		√	√
跳转小程序	小程序	√	√	√

在表 3-5 中,"公众号图文页"指的是该公众号自己的图文内容的相关页面,包括已发送的内容、素材库中的内容、历史消息页面和页面模板类内容;"外部网页"是指非公众号内产

生的网页,例如百度首页就属于外部网页。

此外,没有设置子菜单的母菜单可以设置菜单内容,而有子菜单的母菜单则不可以设置菜单内容。

位置 4 是菜单栏设置后的预览和保存按钮,需要注意的是,在公众号后台修改菜单栏并保存后,公众号在用户端的显示会有延迟,时间从 5 分钟到 12 小时不等。

下面通过例 3-3 来帮助读者理解如何设计菜单栏。

例 3-3　小娜设计菜单栏的过程

小娜对菜单栏进行了设计,她先按照现有服务及同行的菜单栏结构构建出了如表 3-6 所示的菜单栏结构。

表 3-6　"旅行中的那些事儿"公众号菜单栏结构

母菜单栏名称	子菜单栏名称	菜单栏内容
旅游攻略	国内游	国内旅游攻略合辑图文
	国际游	国际旅游攻略合辑图文
旅游服务	购买车票	外部购买链接
	预订酒店	外部购买链接
	预订门票	外部购买链接
了解我们	我们是谁	公众号介绍图文
	联系我们	客服二维码图片
	历史文章	历史消息页面

之后小娜进入公众号后台进行设置,步骤如下。

STEP 01　在"自定义菜单"功能插件的菜单栏布局设置区域先调整好了母菜单与子菜单的结构,如图 3-32 所示。

图 3-32　母菜单与子菜单结构

STEP 02　在设置菜单内容的区域为"国内游""国际游""我们是谁"3 个子菜单设置了对应的图文内容,设置位置如图 3-33 所示。

STEP 03　为"购买车票""预订酒店""预订门票"3 个子菜单设置了对应的网址链接,设置位置如图 3-34 所示。

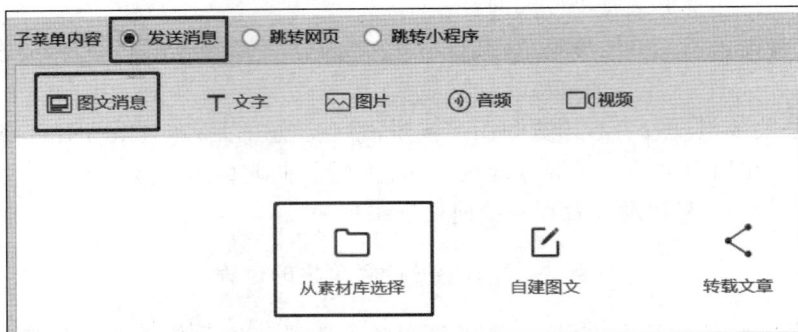

图 3-33　选择"从素材库选择"选项

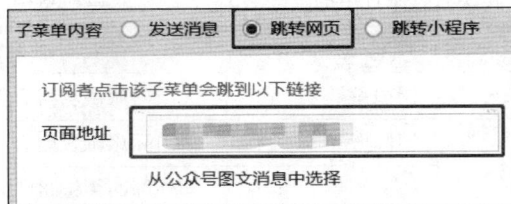

图 3-34　选择"跳转网页"选项并输入网址

STEP 04　为"联系我们"子菜单设置了对应的客服微信二维码图片,设置位置如图 3-35 所示。

图 3-35　选择"发送消息"→"图片"→"上传图片"

STEP 05　为"历史文章"子菜单设置了对应的历史内容页面,设置位置如图 3-36 和图 3-37 所示。

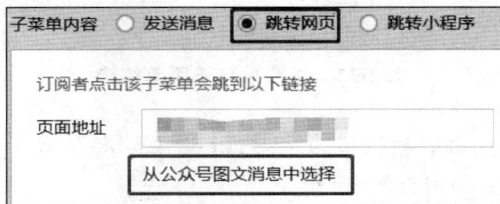

图 3-36　选择"跳转网页"选项中的"从公众号图文消息中选择"

图 3-37　勾选"跳转到历史消息列表"单选按钮

STEP 06　最后单击"保存并发布"按钮,完成了菜单栏的设计。

3.2　公众号内容制作与推送

在公众号的起步期,运营者最重要的工作是进行内容制作,并将内容持续地推送给用户,令用户愿意持续关注该公众号,为后续的涨粉及变现工作打好基础。本节将从内容制作、内容推送两个部分讲解如何运营好公众号的内容。

3.2.1　内容制作

公众号的内容制作主要是指将文字、图片、视频、音频等素材整合编辑为图文内容,从而使内容更美观、更具有吸引力的过程。图文内容包括标题、正文、作者信息、封面图、摘要等。在实际工作中,运营者一般会先进行内容选题,再编辑正文,然后对正文进行排版,最后设计标题、封面图、摘要等。下面将通过图文选题、编辑正文、排版技巧、设计标题和设计封面图及摘要 5 个部分来讲解如何进行图文内容的制作。

1. 内容选题

内容选题在公众号领域指的是设计公众号内容的主题和主旨,即该内容主要展现了什么,该内容主要的目的是什么。构思内容的选题是公众号内容运营的第一步,只有确定了内容的选题,确定了内容的主题与主旨,才能有针对性地做好后续的运营工作。在实际工作中,公众号的选题可以分为热点选题与常规选题两种,下面进行详细讲述。

(1) 热点选题

热点指的是比较受广大群众关注的新闻或信息,或者指某时期引人注目的事物,例如节日、突发的重大新闻、突然蹿红网络的名人等都属于热点,而热点选题指的就是以热点事件或信息作为图文主题和主旨的行为。下面通过寻找热点与设计热点选题两个角度来详细讲解怎么做好热点选题。

① 寻找热点

按照是否能被预测到,热点分为可预期的热点和不可预期的热点。

可预期的热点指的是可以被提前预料到会发生的热点,例如节日、例行会议、周年庆等。可预期的热点可以从日历、各类活动预告等处寻找。

不可预期的热点指的是突发型的事件,例如明星出轨、某地地震等。不可预期的热点可以从微博热搜、百度热搜、行业媒体、朋友圈等处寻找,如图 3-38 所示为微博热搜的页面,从图中可以看到当日的热点话题。

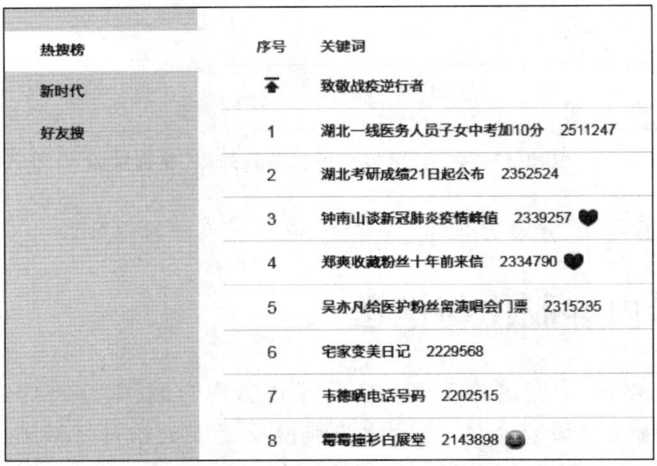

热搜榜		序号	关键词
新时代		☗	致敬战疫逆行者
好友搜		1	湖北一线医务人员子女中考加10分　2511247
		2	湖北考研成绩21日起公布　2352524
		3	钟南山谈新冠肺炎疫情峰值　2339257 ♥
		4	郑爽收藏粉丝十年前来信　2334790 ♥
		5	吴亦凡给医护粉丝留演唱会门票　2315235
		6	宅家变美日记　2229568
		7	韦德晒电话号码　2202515
		8	霉霉撞衫白展堂　2143898

图 3-38　微博热搜页面

② 设计热点选题

运营者在设计热点选题时,首先需要找到热点与公众号的关联。当一个热点发生后,运营者可以将热点的行业、人物、情节、相关事物等方面和自己公众号进行比对,找到可以切入的角度。例如"书单"是一个书籍推荐类公众号,在与其关联性不大的"PUA(Pick-up Artist 搭讪艺术家)事件"引爆网络时,抓住"男性恋爱指南"这一要素,向读者推荐了《爱的沟通》一书,完成了一个热点选题。

有了关联点后,运营者需要根据关联点拓展出多个内容方向,组合成为备选选题,以下是常见的内容方向。

- 描述热点的来龙去脉，并总结热点的各个要素；
- 旗帜鲜明地提出支持/反对观点，并进行论证；
- 引用其他类似事物，评论分析该热点；
- 从热点的某个角度出发，普及相关的知识或推荐相关的产品服务；
- 整理归纳围绕该热点的各方反应及回复。

在制定出备选选题后，运营者还需要考虑自身的制作能力、用户需求和公众号调性，以排除不可行的选题，选出最佳的热点选题。

（2）常规选题

常规选题也叫非热点选题，即在没有热点的时候所做的选题，该类选题往往是通过结合用户的需求和公众号内容定位而产生的。常规选题的来源包括自行设计、参考同行爆款、用户提出的需求等，此处介绍一种设计常规选题的方法——思维导图法。

思维导图法首先要找到一种比较宽泛的用户需求，然后对这种需求进行逐层拆解，分离出每一种该需求的组成部分，再转化为很具象化的选题，最终在众多的备选选题中找到最合适的常规选题。下面通过例 3-4 来帮助读者理解如何使用思维导图法设计常规选题。

例 3-4　小娜设计常规选题的过程

某天小娜发现在用户留言中很多人想了解关于西藏旅游相关的知识，于是她决定编写一篇关于西藏旅游的内容。小娜需要做的第一步工作是确定该内容的选题，她决定采用思维导图法来找出适合的选题。

首先小娜先对西藏旅游这个话题进行拆解，分出了景点、交通、住宿、饮食 4 个要素，然后在这些要素中再细分出具体的选题，如图 3-39 所示。

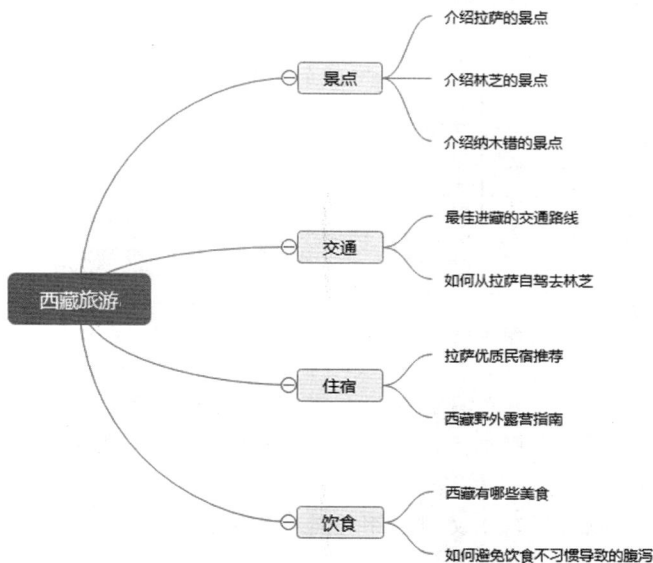

图 3-39　西藏旅游选题思维导图

最终,小娜结合自身能力和用户需求,选择了"交通"这一要素,把选题定为"最佳进藏的交通路线"。

2.编辑正文

编辑正文指的是制作图文的正文部分,首先运营者需要新建一个图文素材,即在公众号后台"管理"模板中的"素材管理"板块单击"新建图文素材"按钮,如图 3-40 所示。

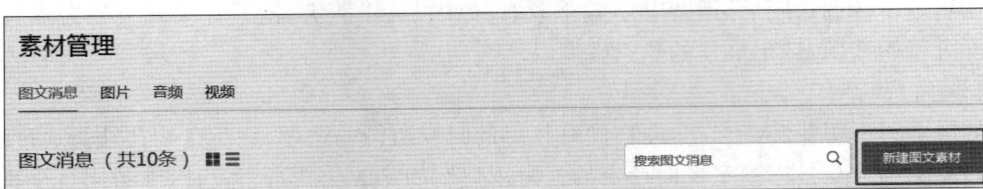

图 3-40　新建图文素材

然后会自动跳转至图文编辑页面,如图 3-41 所示。

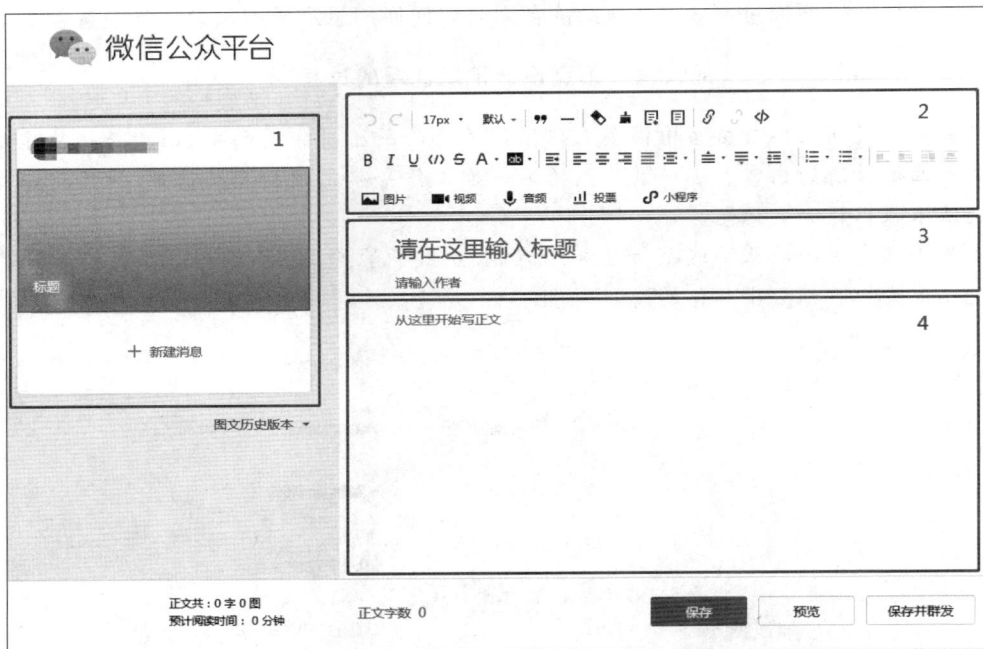

图 3-41　公众号图文编辑页面(局部)

在图 3-41 所示的公众号图文编辑页面中,位置 1 是消息管理的区域,可以增减单条消息中的图文,每条消息最多可以加入 8 篇图文,单图文消息推送和多图文消息推送在微信中的显示情况如图 3-42 所示。

位置 2 是工具栏区域,编辑正文时可用的工具都在这个区域内,包括调整字号、调整字色、调整行间距、插入图片、插入视频等。

位置 3 是标题内容与作者信息编辑区域,运营者可以在该区域编辑标题内容与作者信息。作者信息在微信中的显示情况如图 3-43 所示。

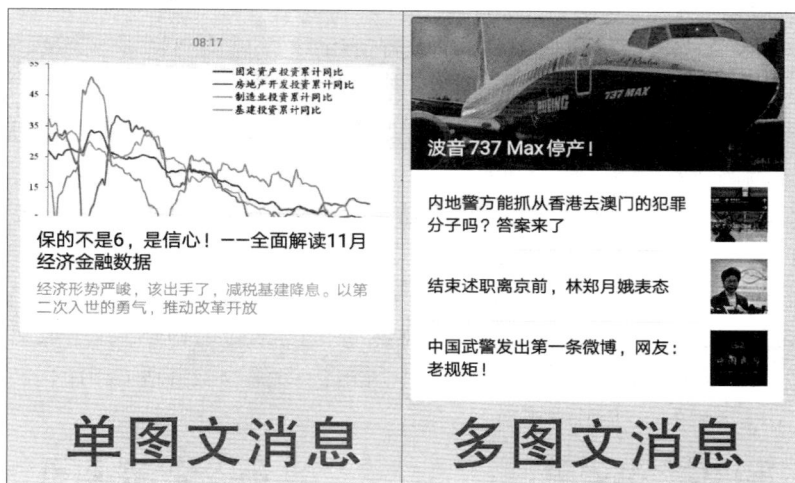

图 3-42　单图文消息推送和多图文消息推送

位置 4 是正文编辑区域,运营者可以在该区域进行图文正文的编辑。

公众号正文的编辑其实就是文章创作的工作,其关键在于如何将自己的想法和目的表达出来。运营者可以从修辞和结构的角度来思考表达的方法,下面对修辞和结构的角度进行介绍。

(1)修辞

修辞主要包括比喻、夸张、对比等手法。新媒体文章的用户阅读场景主要在手机上,过于冗长和枯燥的语言会使用户没有耐心继续阅读,因此在表达时需要借助各种修辞手法,以增加文章的趣味性和可读性。例如图 3-44 所示的内容就采用了排比的修辞手法和场景化的表达方式,让人快速理解什么是"恐慌症",并引起用户共鸣。

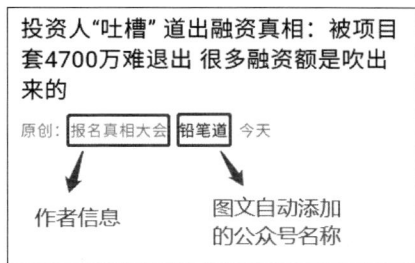

图 3-43　作者信息显示情况

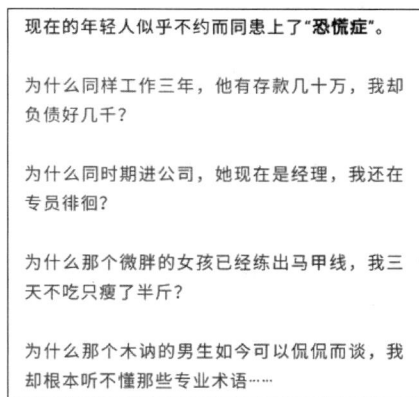

图 3-44　GPA＋公众号某篇图文正文节选

(2)结构

结构是从段落变为文章的关键要素,也是一篇文章的"骨架",常见的结构包括总分结构、并列结构和问答结构。

① 总分结构

总分结构指的是先总体概述,再分别论述的结构形式,也可以变化为"总-分-总"的结构形式,一般经验分享、观点阐述、事物介绍等类型的文章可以采用这类结构,如图 3-45 所示为一篇典型总分结构的公众号图文《李子柒被央视点名:所有你羡慕的生活背后,都有你熬不了的苦》的二维码链接。

文中先就网络上对李子柒的争议,对"成功很容易"的观点提出质疑,再通过 3 个部分的论证来证明自己"成功需要磨炼"的观点,形成总分结构。

② 并列结构

并列结构指的是文章内部各个部分没有主次轻重之分的结构形式,一般故事、情感、文艺等类型的文章可以采用这类结构,如图 3-46 所示为一篇典型并列结构的公众号图文《玩游戏的老人们丨触乐》的二维码链接。

图 3-45　典型总分结构公众号图文二维码　　图 3-46　典型并列结构公众号图文二维码

文中描述了 5 个中老年人玩游戏的故事,这 5 个故事没有主次之分,也没有互相包含的关系,形成并列结构。

③ 问答结构

问答结构指的是先提出问题,再进行解答的结构形式,一般科普、辟谣等类型的文章可以采用这类结构,如图 3-47 所示为一篇典型问答结构的公众号图文《冬天多久给娃洗一次澡? 这个事情能吵 3 天》的二维码链接。

文中先提出了孩子洗澡频率的问题,然后解答了这个问题,并回答了一些相关的问题,形成了问答结构。

常见的营销软文写作手法

为了使用户购买自己的产品,运营者往往会通过一些"套路"来诱导用户,其中较为常见的是通过文章内容引起用户焦虑,从而促使用户进行购买的方法,也被称为"焦虑营销"。在制作"焦虑营销"的文章时,运营者首先要通过摆事实、讲故事的方法来使用户相信自己应该为某事而担忧,然后介绍自己产品可以解决这个问题,促使用户产生购买心理。

例如图 3-48 所示为一篇典型"焦虑营销"的公众号图文《腾讯程序员失业 3 个月,送外卖谋生:30 岁后职场下半段,到底该怎么走?》的二维码链接。

文中先介绍了一个腾讯程序员失业后送外卖谋生的故事,引出"人到中年该如何赚钱"的问题,诱导用户产生财务焦虑,然后提出"睡后收入"的概念,并推荐了赚取"睡后收入"的课程,促使用户进行购买。

图 3-47 典型问答结构公众号图文二维码

图 3-48 典型"焦虑营销"公众号图文二维码

3. 排版技巧

排版指的是对公众号图文正文进行排版,优秀的公众号图文排版可以大幅提升用户的阅读体验,而劣质的排版会使得用户失去阅读兴趣。在实际工作中,根据排版对象不同,可以划分为文字排版、多媒体排版、样式排版 3 个部分,下面分别介绍它们的常见用法及技巧。

(1) 文字排版

文字排版指的是针对图文内文字的排版,主要集中在字号、字色、字间距、行间距等排版项目上,行业通用的文字排版设置如下。

① 字号

公众号的字号通常是 14~16px,部分情感类公众号的字号会选择 13~14px,针对中老年用户的公众号字号会选择 16px 以上。

② 字色

公众号的字色往往不是纯黑,而是灰黑色的,常用的字色包括♯545454、♯3f3f3f、♯7f7f7f、♯595959 等,运营者可以根据实际需求自行调整文字颜色。

③ 文字对齐方式

公众号图文通常采用的对齐方式是"两端对齐"或者"居中对齐"。

④ 行间距

公众号图文的行间距通常是 1~3,以 1.5~2 为佳。

⑤ 首行缩进

公众号图文不同于书面文章,一般不在首行设置文字缩进,部分政府类、官方媒体类公众号会设置为首行缩进 2 字符。

⑥ 段间距

公众号图文一般以空 1 行作为段间距来分隔不同段落。

(2) 多媒体排版

多媒体是指公众号图文中的图片、音频、视频、小程序等媒体文件或链接,其中音频、视频文件往往排版在图文的开始部分,图片往往穿插在正文的段落之间,小程序、投票往往排版在图文的末尾。

(3) 样式排版

样式排版指的是对公众号图文的内容进行美化的过程,由于公众号后台提供的样式有限,因此运营者往往需要借助 135、秀米等第三方编辑器来进行样式排版。样式排版包括美化标题、增加文字背景、插入分割线、设置页边距、设置字间距等。

　　在实际工作中,运营者往往是在第三方编辑器中制作完成公众号正文,再复制入公众号图文编辑页面,以完成内容排版工作的。下面通过例 3-5 来介绍如何通过秀米排版一篇公众号图文正文。

例 3-5　小娜排版图文的过程

　　一天,领导要求小娜做出如图 3-49 所示的图文排版效果,小娜发现使用公众号后台自带的排版工具无法满足该需求,因此她决定使用秀米来进行制作,具体步骤如下。

图 3-49　目标文排版效果

STEP 01　进入秀米网站,并登录了自己的账号,选择"新建一个图文"选项,如图 3-50 所示。

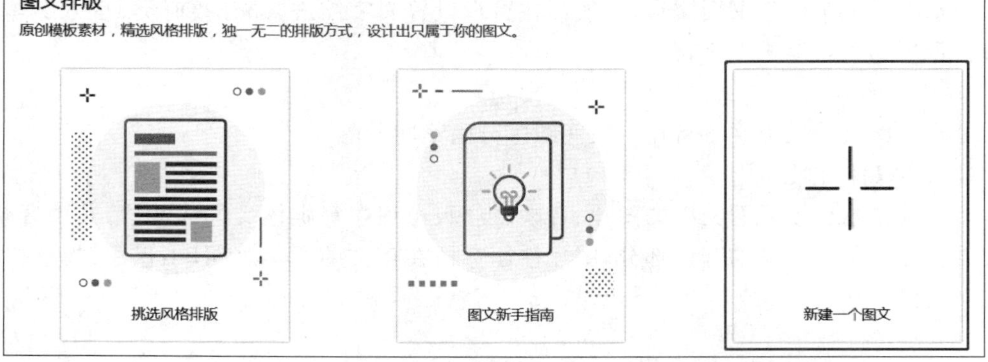

图 3-50　选择"新建一个图文"选项

STEP 02　系统自动进入到如图 3-51 所示的页面中。

图 3-51 秀米图文编辑页面

STEP 03 接着进行整体的文字排版设置,单击 ✳ 按钮,再单击"基础格式"按钮,将其设置为如图 3-52 所示的内容。

STEP 04 在"图文模板"选项的"标题"标签中找到对应的标题模板,如图 3-53 所示。单击该模板,自动添加入正文之中,如图 3-54 所示。

图 3-52 整体的文字排版设置

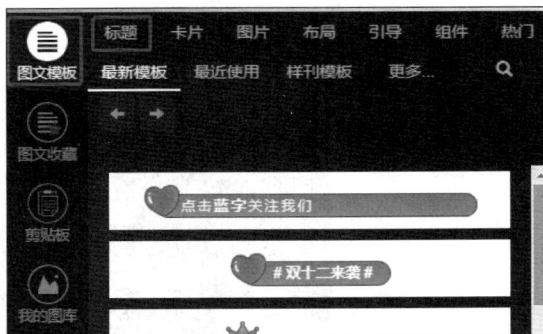

图 3-53 "图文模板"选项中选择"标题"标签

图 3-54 单击对应的标题模板,自动添加入正文之中

STEP 05　双击正文中标题模板的文字部分,修改文字与字号,如图 3-55 所示。

图 3-55　修改文字与字号

STEP 06　在"点击输入文字"文本框输入1,生成一行文字,如图 3-56 所示。接着删去1,形成一个空行。

图 3-56　生成一行文字

STEP 07　在"我的图库"选项中单击"上传图片"按钮,上传了正文所需的图片,如图 3-57 所示。并单击"我的图库"选项中上传完毕的图片,使其插入正文中。接着再用上文提到的方法在图片下生成一个空行。

图 3-57　在"我的图库"选项中单击"上传图片"按钮

STEP 08　在"图文模板"选项的"卡片"标签中找到对应的标题模板,如图 3-58 所示。再单击该模板,自动添加入正文之中,如图 3-59 所示。

STEP 09　双击正文中卡片模板的文字部分,修改文字,如图 3-60 所示。

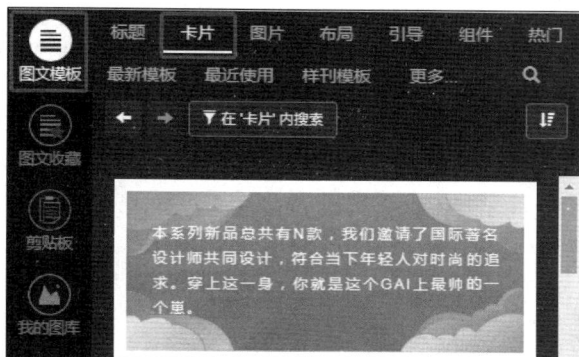

图 3-58 在"图文模板"选项中选择"卡片"标签

图 3-59 单击对应的卡片模板，自动添加入正文之中

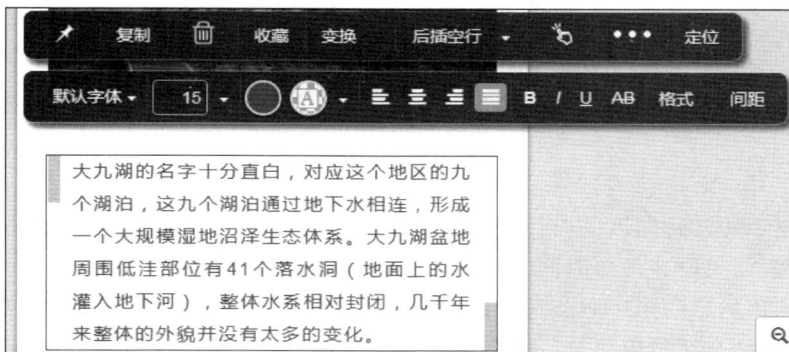

图 3-60 修改卡片模板的文字

STEP 010 在"点击输入文字"文本框中输入后续内容，并设置其中的加粗、变色部分，如图 3-61 所示。

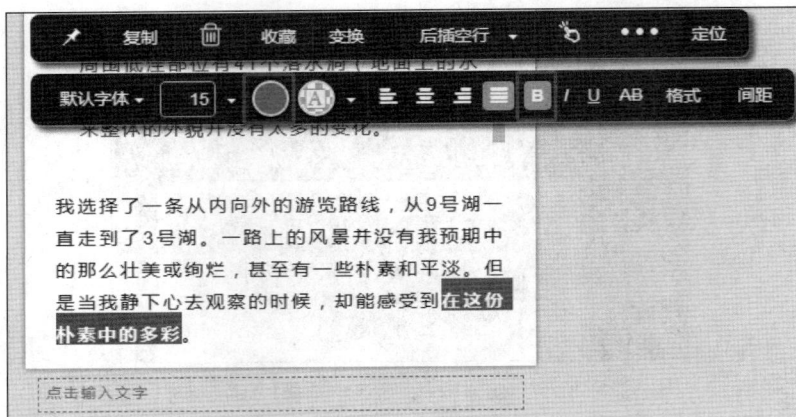

图 3-61　设置文字的加粗、变色部分

STEP 011　在完成编辑后，单击 ✓ 按钮，再按 Ctrl＋C 键对制作完成的正文进行复制，如图 3-62 所示。

先Ctrl+C（Mac: ⌘C）复制内容，然后Ctrl+V（Mac: ⌘V）粘贴到微信后台编辑器中
微信后台也要用谷歌浏览器打开，不要用Windows的IE/Edge浏览器。

如果微信后台图片粘贴总是失败，请使用同步功能，点击这里看教程

图 3-62　复制整体图文

STEP 012　在公众号后台编辑页面按 Ctrl＋V 键进行粘贴，完成了图文正文的制作，如图 3-63 所示。

📖 公众号排版中的引导关注和名片

在大多数公众号图文中，往往都会在开头处有引导关注，文末处有介绍自己的名片，如图 3-64 所示。

这些引导关注和名片可以引导用户关注和了解该公众号，帮助公众号提升涨粉速度。运营者可以通过秀米等第三方编辑器制作，也可以自行通过 Photoshop 等软件制作。

4.设计标题

在现在这个碎片化阅读的时代，用户往往只会花费 1～2s 的时间来判断是否要点开一篇公众号图文，而想要在最短时间内吸引用户的眼球，最重要的就是标题。一个好标题可以让用户在看到该标题的第一眼就选择点开这篇图文。运营者在设计标题时，可以采用以下这些标题要素，结合文章内容自行组合出优质的标题。

（1）名人/名企/热点

在标题中使用名人名字、知名企业名字或热点的相关词，可以快速吸引对该名人或热点感兴趣的用户，例如"王思聪：冰河上的贵公子"，就借用了"王思聪"这一名人的名字。

图 3-63　公众号后台编辑页面中的正文显示

图 3-64　"创业邦"公众号的引导关注图与名片图

（2）数字

在一堆中文字中的数字往往可以吸引用户的注意力，其中阿拉伯数字的效果更胜于中文数字，例如"75％的人月薪 5000 以下、爱买奢侈品……关于下沉市场的 35 个真相"，"75％""月薪 5000""35 个"都是能吸引用户注意力的要素。

（3）场景

用一句话构建一个场景，可以让用户产生画面感，引发用户对后续故事的好奇心，从而给用户带来一定的吸引力,例如"看到新同事的工资后,我退出了群聊",留下了"工资是多少"的悬念,引起用户的好奇。

（4）总结

在标题中通过采用总结类的话术,使用户觉得该篇图文的价值很高,从而吸引用户进行阅读,例如"2019年度宝藏文案盘点,值得珍藏",通过宝藏、盘点、珍藏等词凸显内容的价值,吸引用户阅读。

（5）"你"

人总是关注自己想关注的东西,对与自己没有直接利益和生存关系的事情不太容易在乎。在标题中使用"你"这个字可以让用户产生"与我有关"的感受,从而激起用户的阅读欲望,例如"这就是没人找你聊天的原因",告知了用户该图文和他密切相关。

（6）反差

在标题中设置反差,往往可以引起用户的求知欲,从而促使用户阅读图文,例如"我当了11年明星,才买得起40m^{2}的房子",当了11年的明星只买得起40m^{2}的房子与大众的认知存在巨大反差,因此可以吸引到用户。

此外,在设计标题时还需要注意以下事项。

- 标题需要通俗易懂,现在是一个信息爆炸的时代,用户的注意力十分有限,如果用户在2s内没看懂标题,那么该用户基本就不再会点开阅读该内容了;
- 公众号标题的核心作用不是为了把文章概括清楚,而是吸引用户点击图文进行阅读,在不偏离内容的前提下,标题越吸引人越好;
- 公众号标题一般长度在8～22个字(1个全角字符记为1个字,1个半角字符记为0.5个字),不宜超过28个字。因为在部分型号手机中,公众号标题超过28个字时,第28个字及之后的部分会被折叠,如图3-65所示。

5.设计封面图及摘要

封面图及摘要也是公众号图文展示在用户面前的内容部分,在微信中的显示位置如图3-66所示。

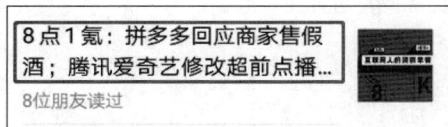

图 3-65　标题被折叠

图 3-66　封面图及摘要

运营者可以在公众号图文编辑页面中对封面图及摘要进行设置,设置的位置如图3-67所示。

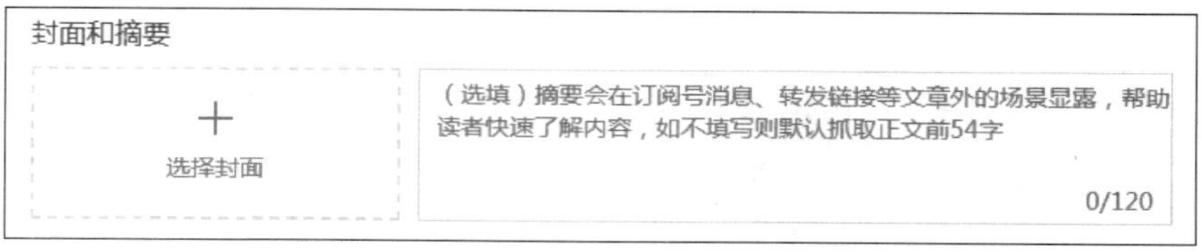

图 3-67　设置封面图及摘要的位置

下面分别介绍如何设计封面图与摘要。

（1）设计封面图

封面图的好坏往往会影响到用户是否愿意进入图文进行阅读，在设计封面图时运营者可以参考以下几种形式。

① 品牌颜色＋LOGO＋内容图

不少企业的公众号会通过"品牌颜色＋LOGO"的组合，将封面图设计得有鲜明品牌特色，例如图 3-68 所示的"三节课"公众号常用的封面图样式，就选用了具有品牌特色的黄色、LOGO 及文章内容相关的图片，组成了封面图，给人以清新明快的感觉。

图 3-68　"三节课"公众号常用的封面图样式

② 自制绘画作品

一些知名的公众号会自行绘制封面图，既避免了图片的侵权问题，又能使得封面图与图文内容高度符合，长此以往可以成为公众号的特色，可以通过视觉依赖使得用户持续关注该公众号。如图 3-69 所示为 Knowyourself 公众号自制的封面图样式，以暖色系为主，配以治愈系漫画和封面图左侧的圆润字体，给用户以温暖的感觉。

图 3-69　Knowyourself 公众号自制的封面图样式

③ 图片＋文字

"图片＋文字"是最常见的图文封面图样式，能有效地突出封面图的重点。如图 3-70 是

"胡辛束"公众号的一类封面图样式,采用纯底色,搭配以图片+文字,增加了图文的趣味性。

图 3-70   "胡辛束"公众号的一类封面图样式

在设计完封面图后,运营者需要将封面图上传至图文编辑页面,方法是先点击图文编辑页面中的"选择封面"选项,并根据实际情况选择"从正文中选择"或"从图片库选择"选项,如图 3-71 所示。

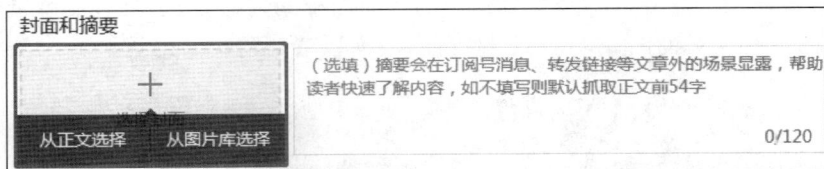

图 3-71   点击图文编辑页面中的"选择封面"选项

然后选择要作为封面图的图片,并单击"下一步"按钮。接着裁切并设置"长方形封面图"和"正方形封面图",并点单"完成"按钮,即可完成封面图设置,如图 3-72 所示。

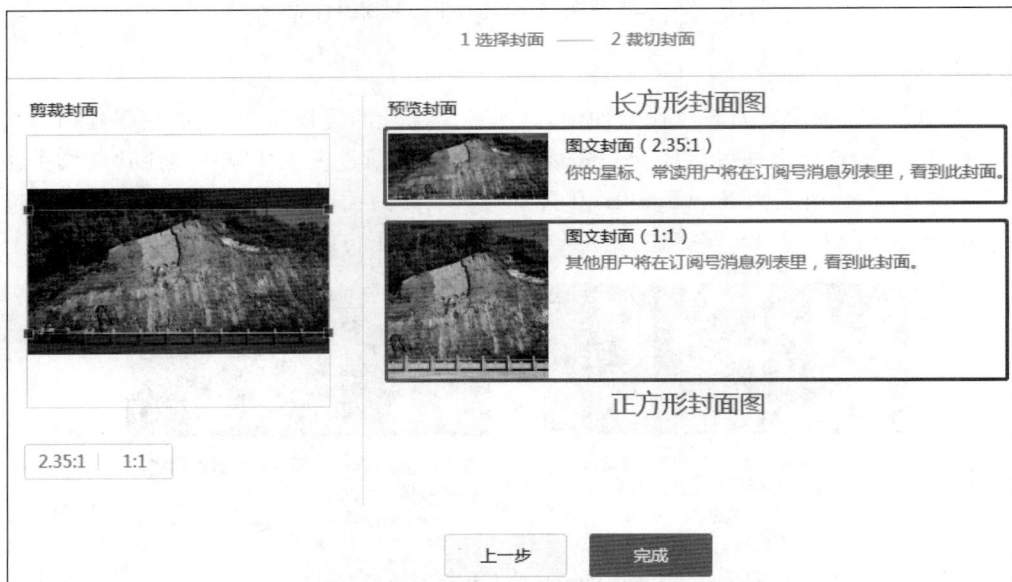

图 3-72   设置"长方形封面图"和"正方形封面图"

需要注意的是,"长方形封面图"会出现在公众号的星标用户、经常阅读该公众号的用户的订阅号消息列表中,"正方形封面图"会出现在除以上两种用户之外的用户的订阅号消息列表中和微信会话、朋友圈的链接中。

(2)设计摘要

摘要只在"图文被发至微信会话"和"单独一条图文进行推送"时显示在用户微信端,运营者在设计摘要时需要通过尽可能简短的话术来吸引用户点击图文进行阅读,因此摘要有时也被称为"副标题",设置摘要的位置如图 3-73 所示。

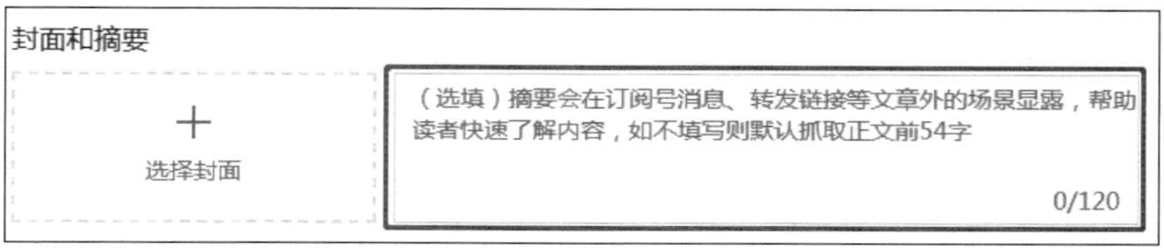

图 3-73　设置摘要的位置

需要注意的是,如果运营者不填写图文的摘要,那么系统会自动将正文的前 54 个字作为摘要。

3.2.2　内容推送

运营者在内容制作完成后,就需要将内容推送至用户的微信端,使用户得以阅读该内容。在进行内容推送工作时,运营者往往需要先确定推送时间,再进行推送。下面从确定推送时间和进行推送两个部分来进行讲解。

1. 确定推送时间

推送时间是指公众号推送内容的具体时间,即每一条推送在几点几分发出。大多数公众号推送内容的时间都是固定的,一方面该时间一般都是该公众号经过长期测试,得出的最佳推送效果时间(即该时间推送内容,可以使得阅读量、在看量最高,使该内容传播效果最大化);另一方面也方便用户养成阅读习惯,提升来阅读内容的用户比例。

经过各行业公众号长期的探索,得出了不同内容类型的公众号较为适合的推送时间,如表 3-7 所示,运营者可以根据自己公众号内容类型来进行选择合适的推送时间。

表 3-7　不同内容类型的公众号适合的推送时间表

时　　间	公众号类型
7:00—9:00	新闻资讯类公众号
12:00—14:00	搞笑类公众号、商品推荐类公众号、宠物类公众号、时尚类公众号
14:00—17:00	行业分析类公众号、内容付费类公众号、知识普及类公众号
18:00—21:00	新闻评论类公众号、休闲娱乐类公众号
22:00—0:00	情感鸡汤类公众号、读书学习类公众号

在确定推送时间后,运营者还需要持续观察用户反馈,不定期调整推送时间,使推送效果保持最大化状态。

公众号内容的阅读量及在看量

在公众号中,无论是图文消息、视频还是图片,都能在推送出的内容页面底部看到阅读量和在看量,如图 3-74 所示。

阅读量	在看量
阅读 10 万+	⚙ 在看 1334

图 3-74　公众号内容的阅读量及在看量

阅读量是指该篇内容被多少用户阅读过,单个用户点击进入内容页面即为一个阅读量,重复进入不累计增加阅读量。在微信现有体系中,单篇内容阅读量显示上限为 10 万,超过 10 万阅读量的内容会显示为"10 万+",即图 3-74 所示。因此除了该公众号的运营者,其余人无法知道该篇内容的确切阅读量是多少。所以,运营者在统计竞品账号内容数据时,遇到阅读量为"10 万+"的情况,会记为 100001 个阅读量,从而方便统计。在多篇 10 万以上阅读量内容的比较中,一般通过在看量的数量大小来判断内容的受欢迎程度。

在看量是指有多少用户点击了 ⚙在看 按钮,同样,单个用户点击 1 次即为 1 个在看量,重复点击不累计增加在看量。"在看"在早期版本中经历过"赞""好看"等样式,因此在看数有也被称为点赞量、好看量。与阅读量相同,单篇内容在看量显示上限为 10 万,超过 10 万在看量的内容会显示为"10 万+"。

正如"赞"变为"在看"一样,这一板块的内容并不是一成不变的,例如微信官方于 2020 年又恢复了"赞"的按钮,将其与"在看"并列。因此,需要运营者经常留意公众号的变化,以及时修改自己的运营策略。

2.进行推送

定完推送时间后,运营者需要进入公众号后台进行推送工作。推送方法有两种,第一种是在图文编辑页面单击"保存并群发"按钮进行推送。

第二种方法是在后台的首页展示栏中单击"新建群发"按钮,然后在"新建群发"页面选择要发送的素材类型和素材来源,并单击"群发"按钮,如图 3-75 所示。

需要注意的是,消息在推送时都需要公众号管理员使用自己的微信进行扫码验证,没有经过验证的推送将无法完成推送步骤。

此外,微信公众平台为了方便运营者推送内容,提供了定时推送的服务,规则是可以选择即刻 5 分钟后的今、明两天内(即 48 小时内)任意时刻进行定时群发,成功设置后不能修改推送时间,但可以在该消息被发出前取消推送计划,取消后不占用群发次数。设置定时推送的位置在"新建群发"页面中,运营者单击"群发"按钮边的下拉列表框即可看到"定时群发"按钮,如图 3-76 所示。

随后运营者可以在定时群发的设置页面设置群发时间,如图 3-77 所示。

图 3-75　选择要发送的素材类型和素材来源并单击"群发"按钮

图 3-76　"定时群发"按钮所在位置

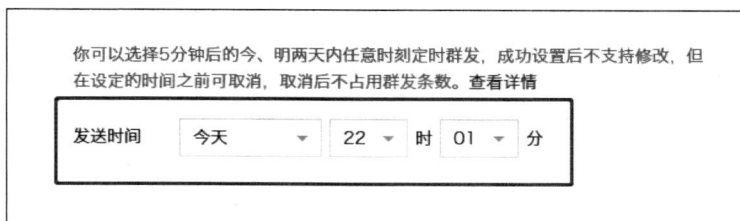

图 3-77　定时群发的设置页面

3.3　公众号用户增长

在公众号的成长期,最重要的工作是通过一些方法使公众号的粉丝数快速增加,从而为后续的营销活动提供足够的用户基数。本节将从黏着式增长、裂变式增长、付费式增长3种公众号常见的增长模式来讲解如何做好用户增长工作。

3.3.1　黏着式增长

黏着式增长指的是通过优质的内容来吸引用户关注公众号,这也是最为精准的用户增长模式。通过该模式吸引到的新增用户,往往都符合公众号的用户定位,常见的黏着式增长模式包括生产爆款内容和建立稳定的转载渠道两种方法,下面分别进行讲述。

1. 生产爆款内容

爆款内容如同爆款商品一般,指的是阅读量、在看量、转发量等数据都特别高(例如较平时的数据高5倍以上)的内容。由于爆款内容在用户之间的传播性极强,因此往往会为公众号带来极高的用户增长量。但是爆款内容又有可遇不可求的特性,最优秀的内容编辑也不敢保证自己每一篇内容都是爆款,因此运营者想要生产爆款内容,就需要做好以下几点。

- 热点选题类的内容更容易出爆款内容,在热点发生的第一时间进行推送,可以吸引到大量的用户阅读和转发,例如一个明星出轨事件爆发后,第一时间进行评论分析的内容往往会成为爆款内容;
- 爆款内容的标题往往极具诱惑力,可以在让用户在看到该标题时就愿意打开该内容进行阅读,例如 LinkedIn 公众号的《他改了密码,姑娘说了"Yes,I do"》是一篇百万阅读量级别的爆款内容,其标题设计了一个悬念,吸引用户进行点击;
- 爆款的产生基于长期的内容优化,运营者需要持续关注自己公众号推送出的内容的阅读量、在看量、转发量等数据,分析数据好的内容优点和数据差的内容缺点,不断制作更优质的新内容;
- 推送的优质内容越多,出现爆款内容的概率越大,因此在推送时要同时做到高频率和高质量。

2. 建立稳定的转载渠道

一些优质的内容往往会被多个公众号进行转载,长期且高频率转载自己公众号(原公众号)内容的公众号(转载者公众号),即为一个稳定的转载渠道。转载对于原公众号具有不小的引流作用,转载者公众号中转载的内容会有一个通往原公众号的链接,如图3-78 所示。

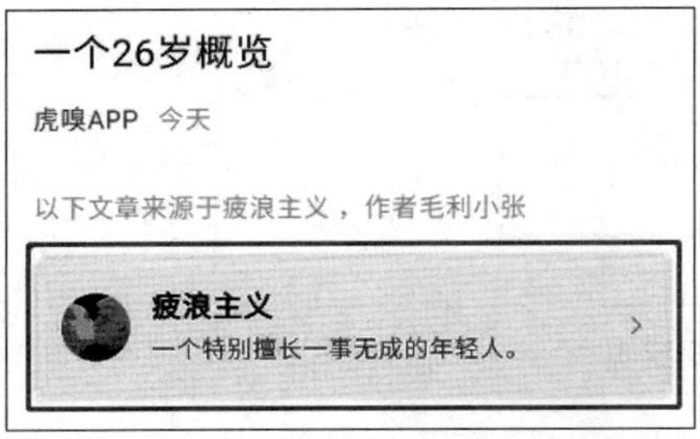

建立稳定的转载渠道需要运营者做好以下几点。

- 运营者需要持续生产优质内容,转载者公众号不会转载劣质内容;

图 3-78　公众号转载图文中的原公众号链接

- 运营者需要持续关注公众号后台的转载数据,按照内容在转载者公众号的数据,对不同转载渠道进行排名,发掘优质的潜在渠道;
- 运营者需要和转载者公众号有直接的联系方式,便于转载事项的沟通。

3.3.2　裂变式增长

裂变原意是物理学上的原子由一为二、由二为四的分裂过程,在新媒体领域中裂变指的是一种快速、高效的传播,裂变式增长指的是以一种极快的速度实现用户的大量增加。裂变式增长是大多数公众号常用的增长模式,往往可以通过较低的成本为公众号带来大量的新增关注,下面介绍裂变式增长中最常用的社群裂变和任务宝两种方法。

1. 社群裂变

社群裂变指的是利用社群进行用户裂变活动,即把社群作为承载新用户的载体,配合送礼、领券等活动为公众号实现用户的快速增长。图 3-79 所示为社群裂变的核心逻辑。

下面逐一介绍该逻辑的每个环节。

"看到活动"是指用户在朋友圈、微信好友、微信群等渠道看到社群裂变的海报或链接。

"查看海报或链接"是指海报或链接的内容引起了用户的兴趣,从而使用户点击查看该海报或链接。

"进入社群"是指用户愿意参加海报或者链接中的活动,并按照运营者要求加入微信群。

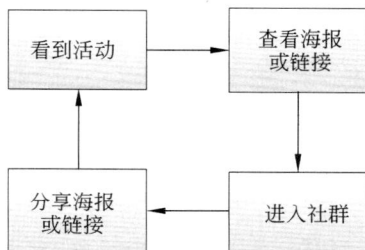

图 3-79　社群裂变的核心逻辑

"分享海报或链接"是指用户进入社群后被告知"需要分享该海报或链接,并将分享行为进行截图,发至社群内由运营者审核,才能领取活动奖励",由此用户进行的分享行为。

而分享至朋友圈、微信群、微信好友的活动海报或链接又会被新的用户看到,由此形成了一个传播闭环。

社群裂变火爆微信朋友圈的活动并不少见,例如网易、新世相、36 氪就曾做过多次社群裂变活动,在设计和执行社群裂变活动时,一般需要运营者进行以下工作步骤。

(1) 调查用户需求

在活动策划阶段运营者至少需要找到 3～5 个用户需求(痛点),通过这些需求设计出活动奖励。只有戳中"痛点",让用户感受到"受益"的情况下,用户才有传播的动力。

(2) 设计裂变的用户路径

用户路径指的是用户在该活动中的行为路线,设计裂变的用户路径需要运营者根据奖品情况和公众号实际情况,设计出活动的流程和规则,并列出每一个需要用户进行选择的节点和其可能带来的后果。"万门大学"公众号进行的"PPT 技能速成班"社群裂变活动就有一个典型的裂变用户路径,该活动的用户路径图如图 3-80 所示。

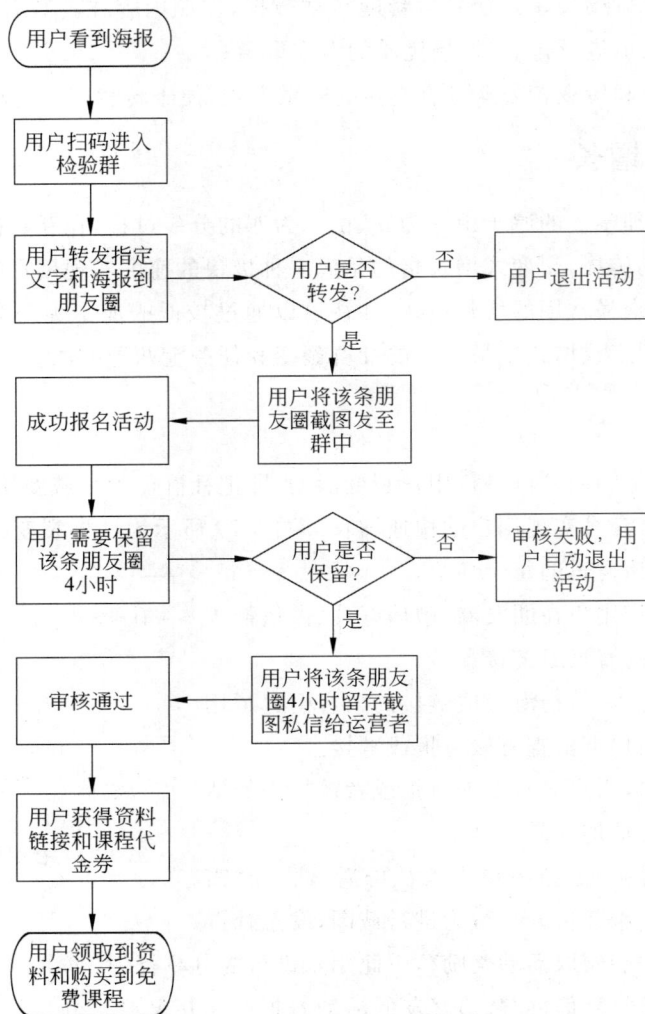

图 3-80　"PPT 技能速成班"活动用户路径图

（3）采购及制作活动物料

根据裂变流程，运营者需要采购各类工具和奖品，并设计活动所需的海报、话术。例如图 3-81 和图 3-82 所示为"万门大学"公众号进行的"PPT 技能速成班"社群裂变活动的宣传海报及分享话术。

（4）发布及推广活动

在预定的日期发布活动，并将活动通过公众号推送、水军转发、付费推广等方式传播出去。

（5）运营社群

有用户进入社群后，按照预定的话术及流程，指引用户完成一系列操作，并解答用户疑问，维护社群稳定。例如图 3-83 所示为"万门大学"公众号进行的"PPT 技能速成班"社群裂变活动的部分群内维护话术。

图 3-81　宣传海报

图 3-82　分享话术

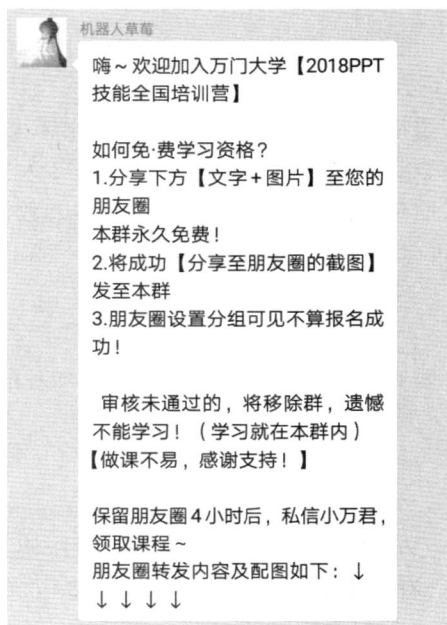

图 3-83　部分群内维护话术

2．任务宝

任务宝模式是目前公众号用得最多的一种涨粉模式,常见形式包括砍价活动、拼团活动等。该模式具体流程是通过一些奖品吸引用户进入活动页面并关注公众号,用户想要领取奖品就需要成功邀请若干位好友来参加该活动,而这些好友在看到奖品后也会被吸引,从而参与活动并关注公众号。

例如某公众号的"邀请3位好友助力即可领取一本书"活动,当1位用户对该活动感兴趣时,会关注公众号并参加活动,邀请3位好友前来"助力",而这3位好友中也会有人对该活动有兴趣,进而邀请自己的好友。以此类推,该公众号就可以获得大量的新用户。

由于公众号本身并没有任务宝功能,运营者在进行该模式活动时需要搭配自主研发的或者第三方提供的任务宝工具,第三方工具例如媒想到、星耀等。

设计该类活动的步骤如图3-84所示。

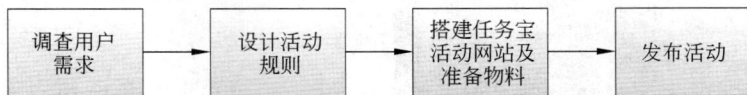

调查用户需求 → 设计活动规则 → 搭建任务宝活动网站及准备物料 → 发布活动

图3-84　任务宝活动的设计流程

其中,运营者需要重点注意的是设计活动规则环节。该环节包括设计用户路径,设定用户所需的邀请人数两大重点,下面进行简单介绍。

（1）设计用户路径

相较于社群裂变,任务宝活动的用户路径相对简单很多,用户在看到海报或链接后进入活动网页,转发专属海报或链接邀请好友,成功完成后即可领取奖励,常见的任务宝活动用户路径如图3-85所示。

（2）设定用户所需的邀请人数

设定用户完成任务所需邀请的人数不能随意设置,而是需要依据奖品对于用户的价值高低来设定人数。例如价值20元的奖品对应需要邀请1~2人为宜,若要求邀请的人数太多,则用户会觉得不值得,从而不参加活动。同时也不能将人数设定得太低,例如200元价值的奖品设置为1~2人即可完成任务,会造成运营者成本过高,活动的性价比较低。

3.3.3　付费式增长

付费式增长指的是通过购买第三方推广服务实现用户增长的方法。公众号常见的付费式增长包括以下几种方法。

1．购买转发

购买转发有两种模式,一是指付费给较为知名的公众号,使其转发自己公众号的内容,从而实现引流;二是指付费给有众多好友的大V,让他们将指定公众号的内容转发至朋友圈、微信群等,从而实现引流。

2. 互选广告

运营者可以通过公众号后台的"广告主"板块,自行与开通流量主服务的公众号进行沟通,使用互选广告这一功能付费投放自己公众号的广告,使其显示在对方公众号图文的页面中,如图 3-86 所示。

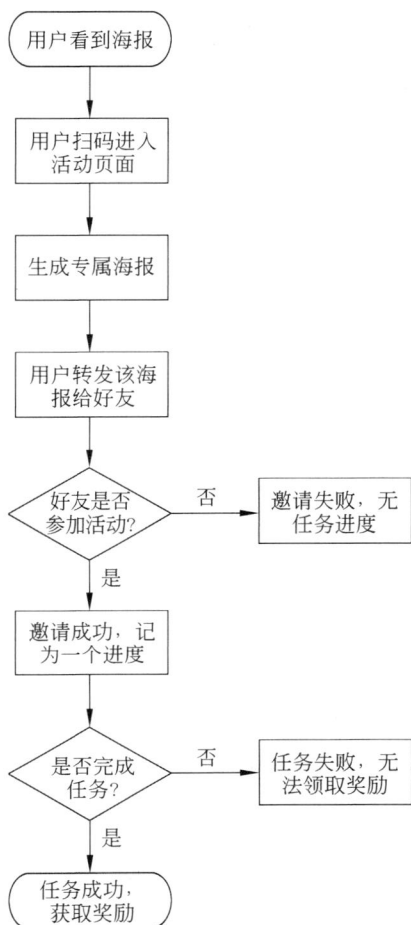

图 3-85 常见的任务宝活动用户路径

图 3-86 互选广告

3. 投放朋友圈广告

运营者可以使用广点通(广点通是一个付费推广平台)使自己的公众号在目标用户的朋友圈中显示,从而吸引用户前来关注。图 3-87 所示为"快读研"公众号投放的朋友圈广告。

4. 冠名社群或活动

运营者可以通过冠名社群或活动的方式,用自己公众号的名字去命名这些社群或活动,从而提升自身公众号的知名度,最终吸引更多用户前来关注。

图 3-87   "快读研"公众号投放的朋友圈广告

3.4　公众号变现模式

公众号进入成熟期后，运营者就需要开始考虑通过公众号实现营收，也就是变现。实现公众号变现可以为运营者带来收入，降低公众号因资金不足而停止运营的风险，提升公众号的可持续发展能力。本节将从广告营收模式、商品销售模式、课程销售模式和会员付费模式四种常见的公众号变现模式来讲解公众号的变现。

3.4.1　广告营收模式

广告营收是公众号最常用的一种变现模式，即通过承接各类广告，收取广告费，从而实现变现。公众号中常见的广告形式分为植入式广告、菜单栏广告和软文广告 3 类，下面进行简单介绍。

1. 植入式广告

植入式广告是指以贴片、插图等形式植入在公众号内容中的广告形式，广告展示的位置包括但不仅限于底部广告位、文中广告位、视频后贴广告位、互选广告位，如图 3-88 所示为底部广告位的贴片广告样式，点击"关注"按钮即可进入广告链接。

运营者可以通过公众号后台的"流量主"功能沟通植入式广告合作，也可以通过自行与广告方沟通，进行广告合作。

图 3-88   底部广告位的贴片广告样式

2. 菜单栏广告

菜单栏广告是指将公众号菜单栏设置为广告

链接的广告形式,以商品广告、App 广告为主。运营者往往需要自行与广告提供方进行沟通,从收费方式、展示时长、展示内容等角度确定广告合作细则内容。

3. 软文广告

软文广告是指运营者通过编写软文来为广告主提供广告推广的广告形式,适合商品广告、品牌广告、活动预告广告等类型的广告。通常运营者可以通过第三方软文广告平台发起广告合作,也可以与广告方签署合作协议长期进行软文合作。

📖 **什么是软文广告**

软文广告是相对于硬性广告而言的专业词语,指的是白企业的市场策划人员或广告公司的文案人员来负责撰写的"内容不完全是广告的文字广告"。与硬性广告相比,阅读软文广告的用户在第一时间无法辨认出该文章是广告。软文广告会通过文章内容与广告的完美结合,从而达到广告宣传效果但又不会使用户感到反感。

3.4.2　商品销售模式

商品销售模式主要指的是在公众号内进行实体物品售卖的模式,运营者在选用商品销售模式进行变现时,需要做好商品选择、商品展示、商品宣传 3 项核心工作,下面进行详细讲解。

1. 商品选择

商品选择是指在商品销售中选用什么样的商品进行销售,一般来说,运营者选择的商品类型往往和公众号本身的行业或调性有极高的相关度。在此前提下,运营者选择商品的时候还可以通过以下几个角度进行思考。

（1）用户喜好

运营者需要调查自身公众号用户的喜好,从而选择合适的商品。切忌不经过用户调查,自行决定商品类型,否则会有较大概率导致滞销。

（2）用户消费能力

运营者在选择商品时需要结合用户的消费能力进行考量,对于消费能力低的用户更适合销售低价的快消品,例如牙刷、肥皂等;而对于消费能力高的用户更适合销售售价高的定制化商品,例如珠宝、高端服装等。

（3）现有的商品

部分公众号的主体原本就有商品销售业务,在公众号商品选择时可以优先考虑销售自有的商品,例如潮宏基是一家销售珠宝的企业,其公众号中就有销售自己品牌的珠宝。

2. 商品展示

商品展示通俗来说就是用户怎么看到商品,在公众号中一般通过网页或者小程序展示商品。如图 3-89 所示为"国馆"公众号中的有赞商城页面截图。

3. 商品宣传

商品宣传是指通过宣传推广来促进商品销售转化的过程,运营者可以通过推送软文广

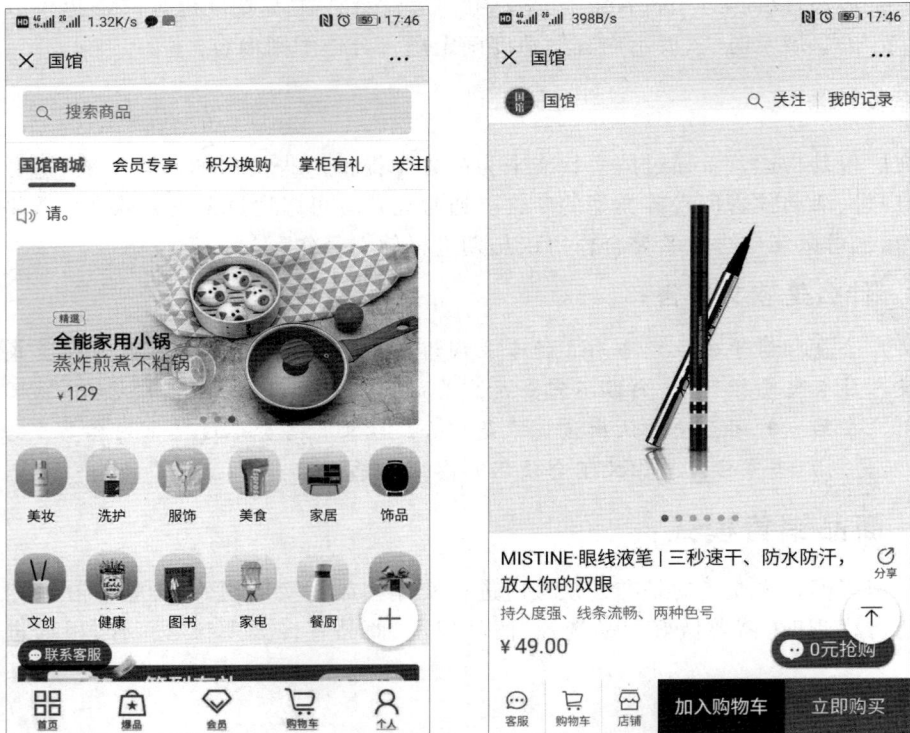

图 3-89 "国馆"公众号中的有赞商城页面

告,将商城链接放入菜单栏或自动回复,在公众号中开展促销活动等形式进行商品宣传。在商品宣传的过程中,运营者需要着重设计以下几方面内容。

（1）商品属性及信息

商品宣传中最基础的要素是描述清楚商品的属性及信息,例如产品名称、产品用途、产品尺寸等。清晰的描述可以让用户明白此商品是否为自己所需,以免出现售后纠纷。

（2）优势

商品宣传中,体现出商品的优势也是很重要的。无论是质量好还是功能独到,都应该在显眼位置进行突出,通过与同类产品的对比,吸引用户购买。

（3）价格

价格作为商品销售的一个核心元素,一定要出现在宣传中。此外,如有价格上的优惠活动,一定要重点突出,这是一个极好的促使用户产生购买欲望的元素。

（4）图片

大多数商品宣传中的图片都起到了至关重要的作用,商品图片的优劣可以直接影响用户的购买欲望。

3.4.3　课程销售模式

课程销售模式指的是通过向用户提供培训服务从而获取营收的变现模式,一般公众号销售的课程可以分为线上课程和线下课程,下面分别进行介绍。

1. 线上课程

线上课程指的是通过视频、直播、音频等形式授课，教师与学员的沟通全在线上进行的课程形式。例如馒头商学院在自己公众号中销售新媒体领域的课程，其中"新媒体运营（初级）证书班"这一课程一共持续 6 周，每周解锁新的课程内容与作业，用户可以在公众号中观看课程视频和完成作业。与此同时，每周在专属的课程社群中还会有知识分享、作业点评、疑问解答等服务。

2. 线下课程

线下课程指的是通过教师与学员当面沟通实现教学的课程形式。例如"亚马逊全球开店"公众号会在公众号中推送课程的介绍软文，如图 3-90 所示。用户需要通过软文中的二维码或者联系方式，付费报名课程，并在指定时间去指定地点进行学习。

图 3-90　"亚马逊全球开店"公众号的课程软文

3.4.4　会员付费模式

会员一般是指某个组织的成员，会员付费模式即通过向组织内的成员收取费用或其他报酬，实现变现的模式。一些公众号会开设一些组织，为该组织的成员提供各类服务。例如"桔子会"是一个传授用户社群知识的公众号，其中开设了"桔子会 VIP"的会员模式，用户在付费成为会员后可以享受多个线下课程免费听课，众多推广资源免费使用，进入会员交流群等服务。

3.5　本章小结

　　本章内容主要讲解了公众号运营的相关内容,通过本章的学习,读者应该了解公众号常见的增长模式和变现模式,并重点掌握公众号的策划、公众号内容的制作和推送的知识。

第 4 章
小程序入门

【学习目标】

知识目标	➢ 了解小程序的定义、价值和特点 ➢ 了解小程序后台的界面模块
技能目标	➢ 掌握小程序的注册方法

【本章导读】

2017 年 1 月 9 日,微信小程序正式上线。虽然该产品至今已经存在了 3 年多的时间,但是对于很多读者来说,依旧不清楚小程序是什么,小程序怎么申请和小程序有哪些功能。本章将通过认识小程序、小程序注册和小程序后台介绍 3 个部分来讲解小程序的基础知识。

4.1 认识小程序

腾讯公司高级副总裁张小龙在 2017 年微信公开课上表示,小程序是维系用户的一种新应用形态,给企业、组织和个人的优质产品和服务提供一个开放的平台。学习小程序的运营,首先要对小程序有足够的了解和认知。本节将通过什么是小程序、小程序的价值和小程序的特点 3 个部分的讲解,让读者对小程序有一个基本的了解。

4.1.1 什么是小程序

小程序是微信小程序的简称,是一种不需要下载安装即可使用的应用,用户可以在微信中快速打开和使用小程序。

小程序经过几年的发展,已经构造出了一个较为完整的小程序生态系统。小程序应用的数量超过了 100 万,覆盖 200 多个细分的行业,日活用户达到 2 亿,小程序还在许多城市提供了地铁、公交服务。小程序的发展带来了更多的就业机会,时至今日小程序带动就业超过了 100 万人,社会效益不断提升。

在微信中,用户可以点击"发现"页面的"小程序"按钮进入小程序页面,如图 4-1 所示;也可以在"微信"页面向下划屏,打开小程序页面,如图 4-2 所示。

4.1.2 小程序价值

为什么现在各大公司纷纷部署了小程序?原因是小程序对这些公司有很大的价值。小程序的价值体现在拓展公众号功能,增加潜在用户,尝试新模式和向用户提供便捷的服务

图 4-1　在"发现"页面打开小程序

图 4-2　在"微信"页面打开小程序

4 个方面,具体介绍如下。

1. 拓展公众号功能

　　由于公众号可以提供的服务有限,许多运营者想实现的服务需要通过在公众号中植入网页链接、App 链接的方式来实现,这导致用户往往需要进行多步操作才能使用这些服务。且由于外部链接稳定性不足,这些服务可能会出现各类故障,导致用户体验较差。使用小程序辅助公众号,运营者可以搭建起针对用户的完整服务体系,通过"公众号图文宣传+小程序提供服务"的模式,快捷、稳定地向用户提供服务。

例如"酷玩实验室"公众号,会在推送的商品介绍图文中插入可以购买该商品的小程序页面,用户只需点击链接即可进行购买,不必再经历跳转 App 或登录网站等过程。如图 4-3 所示为"酷玩实验室"公众号一篇女靴商品推荐推文中的小程序链接,点击左侧的链接即可进入右边的购买界面。

图 4-3　推文中的小程序链接

2. 增加潜在用户

根据企鹅智酷发布的报告显示,微信的月活跃用户超过 8.8 亿,每个人每天使用微信的时间近 5 小时,如此大的微信用户量使得选择运营小程序的公司、组织或个人可以增加大量的潜在用户,便于后续操作进行发掘。

3. 尝试新模式

开发和运营小程序的成本远低于 App 与网站,适合进行新模式测试。运营者可以通过小程序对各种销售模式或服务模式进行尝试,从而判断这些模式是否适合自己。例如一家线下的超市,可以尝试通过小程序开展电商业务,用户通过小程序购买商品,该超市负责配送商品。

4. 向用户提供便捷的服务

小程序凭借其免下载免安装的特性,在很多领域可以发挥重要的作用。例如在餐馆点菜,只需扫描二维码,就可以接入小程序,立即完成点餐,不必下载 App 和关注公众号,也不用排队等餐馆的服务员。同时,小程序的加载速度比网页快,付款方式比网页方便,对用户来说,使用小程序点餐是非常方便的方式。

4.1.3　小程序特点

小程序之所以值得运营者去运营,很重要的一个原因在于小程序具有很多别的平台不具备的特点,下面逐一介绍小程序的特点。

1. 注册方便，限制少

小程序相较于网站、App 等应用类型，注册极为方便，无须大量的证明文件和烦琐的流程。此外，注册小程序的限制也较少，任何人都可以注册。

2. 开发简单，成本低

虽然开发者为小程序新创建了一套开发模式，但是涉及的相关技术相较于开发 App 或网站要简单许多。通常情况下开发一款 App 需要一个半月到两个半月的时间，在快速变化的市场中运营者容易失去先机或者用户的热情；开发一款小程序只需一周即可完成，为运营者节约了大量的宝贵时间。

此外，开发 App 或网站都需要数万元的费用，而小程序由于开发难度较低，成本往往较低。除此之外，运营者可以购买优惠的小程序模板自行开发，进一步降低了开发成本。

3. 功能强大，流畅度高

小程序中提供了界面、网络、文件、媒体、蓝牙、重力感应、陀螺仪、地图等各种接口，让小程序能轻松实现公众号无法实现或者很难实现的功能。也就是说，小程序完全可以媲美 App。

此外，由于微信官方对小程序的持续优化，用户在小程序中进行操作几乎不会发生卡顿的问题，流畅度极高。

4. 体积轻巧，使用便捷

由于小程序打开即可使用，有了小程序后，用户不用去下载那些占用内存极多的 App，可以在微信中直接使用小程序享受和 App 一样的服务，尤其是一些不常用的工具类 App，用户完全可以舍弃 App 而使用小程序。

5. 依托微信，便于传播

现在大多数手机 App 占用内存较多，当用户想要推荐一个 App 给他人时，"下载安装"这个门槛会阻挡不少潜在用户。而小程序的传播模式相对简单，用户只需要将小程序链接发送给他人，或者将小程序二维码发送给他人，对方就可以直接使用小程序。此外，小程序也自带一键分享给朋友、群组的功能，依托微信强大的关系链，运营者只需要设计好一个传播活动，就可以很容易地将小程序传播出去。

4.2　小程序注册

注册一个小程序是运营小程序的第一步，没有完成注册小程序，运营者将无法开展任何小程序的运营工作。和公众号相同，小程序的注册主体也分为个人、企业、政府、媒体和其他组织五类，在注册小程序之前，运营者需要结合自身情况选择自己小程序的主体。

选择完小程序主体后，运营者可以通过微信公众平台和现有公众号两种渠道进行小程序的注册，本节将分别讲述如何从这两个渠道注册小程序。

4.2.1　通过微信公众平台注册

运营者可以在微信公众平台网站上进行小程序的注册,注册的流程分为如图 4-4 所示的 5 个步骤。

```
进入微信公众    →  选择账号类型  →  填写基本信息  →  登记账号主体  →  认证(可选)
平台官网                                            信息
```

图 4-4　公众号的注册流程

下面对这 5 个步骤进行介绍。

1. 进入微信公众平台官网

在任意浏览器地址栏中输入 https://mp.weixin.qq.com 即可进入微信公众平台官网。

2. 选择账号类型

在该步骤中,运营者需要选择要注册的账号类型,即小程序。

3. 填写基本信息

在该步骤中,运营者需要填写注册邮箱,设置小程序的密码。其中注册用的邮箱必须未注册过公众号、小程序、企业微信,微信公众平台会发一封邮件至该邮箱中,运营者需要点击邮件中的链接,以继续注册步骤。

4. 登记主体信息

在该步骤中,运营者要选择注册国家/地区和账号主体类型,然后需要填写主体信息,不同类型的主体需要填写不同的信息,这一步骤与公众号注册中填写主体信息的过程一致。

5. 认证(可选)

对于非个人主体注册的小程序,运营者需要对小程序进行认证,认证方法与公众号认证的方法一致。

下面通过例 4-1 来详细介绍个人主体如何通过微信公众平台注册一个小程序。

例 4-1　小雨注册公众号的过程

小雨是一家自媒体公司的新媒体运营者,由于公司发展需要,领导让小雨新开设一个个人的小程序,并且以此为基础建立一套新闻传播体系。小雨首先要注册一个小程序,具体步骤如下。

STEP 01　进入微信公众平台官网,并单击"立即注册"按钮,如图 4-5 所示。

STEP 02　选择账号类型为"小程序",如图 4-6 所示。

STEP 03　填写邮箱、密码、验证码等信息,并勾选"你已阅读并同意《微信公众平台服务协议》及《微信小程序平台服务条款》"复选框,单击"注册"按钮,如图 4-7 所示。

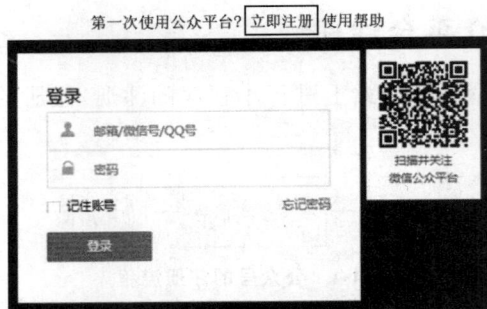

图 4-5　在微信公众平台官网单击"立即注册"按钮

图 4-6　选择账号类型

图 4-7　填写邮箱、密码、验证码等信息

STEP 04 进入邮箱,点击指定链接激活账号,如图 4-8 所示。

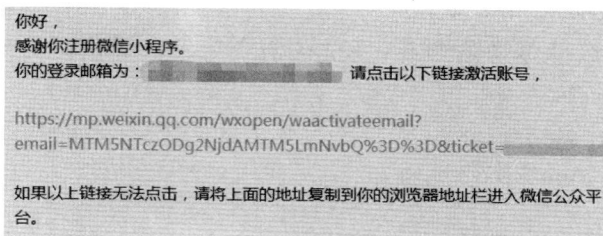

图 4-8 进入邮箱内点击链接

STEP 05 选择注册地为"中国大陆",主体类型为"个人",如图 4-9 所示,并登记身份证姓名、身份证号码、管理员手机号码等主体信息,如图 4-10 所示。

图 4-9 选择注册地与主体

图 4-10 登记主体信息

STEP 06 页面自动跳转进入小程序后台,小程序注册完毕。

4.2.2 通过现有公众号注册

对于拥有已认证公众号的运营者,可以在公众号后台快速注册小程序,流程分为如图 4-11 所示的 5 个步骤。

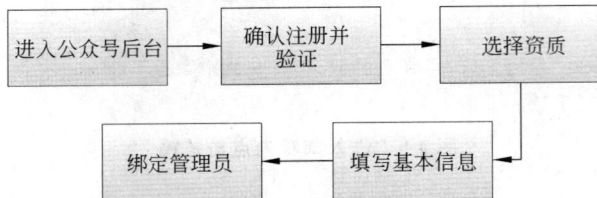

图 4-11 公众号的注册流程

下面对这 5 个步骤进行详细介绍。

1. 进入公众号后台

在现有公众号后台"小程序"模块中的"小程序管理"板块,选择"快速注册并认证小程序"选项进入小程序注册页面。

2. 确认注册并验证

通过勾选协议以确认注册小程序,并由公众号管理员进行扫码确认。

3. 选择资质

在该步骤中,运营者需要在当前页面勾选要创建小程序的主体,即选择准备作为小程序主体的公司、组织或个人,备选的主体包括公众号现有和曾用过的主体。

4. 填写基本信息

在该步骤中,运营者需要填写注册邮箱,设置小程序的密码。其中注册用的邮箱必须未注册过公众号、小程序、企业微信,微信公众平台会发一封邮件至该邮箱中,运营者需要点击邮件中的链接,以继续注册步骤。

5. 绑定管理员

在该步骤中,运营者要填写管理员的信息并绑定管理员。

注意:只有认证过的公众号才可以在公众号后台快速注册小程序。

4.3 小程序后台介绍

了解小程序后台有哪些组成部分,是运营小程序的必要前提。本节将对小程序后台界面进行简要的讲解。

小程序的后台页面可以分为菜单栏和展示栏两个部分,如图 4-12 所示。

其中菜单栏中罗列的是运营小程序时需要用到的各个模块,包含首页、管理、统计、功

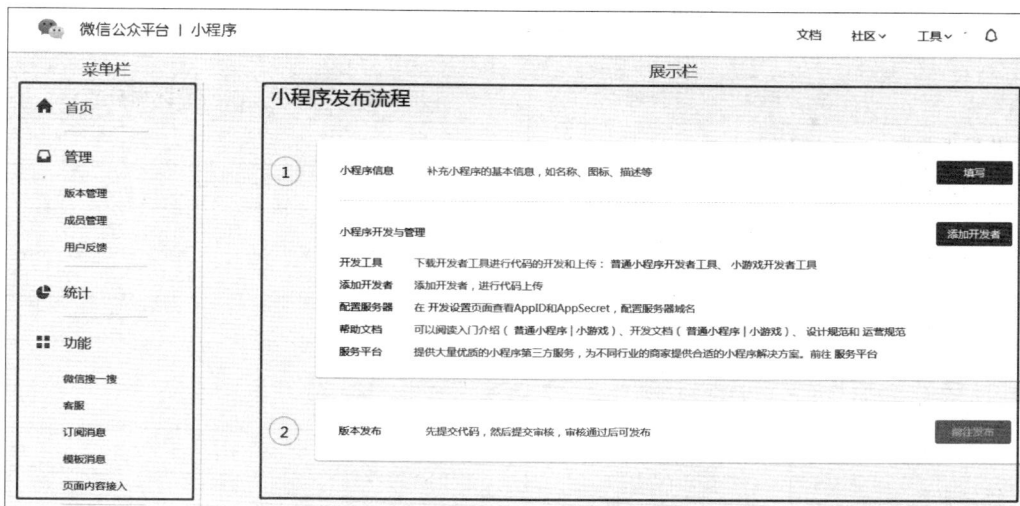

图 4-12　小程序后台的分栏

能、开发、成长、推广、设置等后台模块；而展示栏是运营者了解不同模块详细信息和进行操作的区域。下面按照不同后台模块，对小程序后台进行逐一介绍。

1. 首页

首页模块是指进入微信小程序后台后最先展示在运营者面前的界面，首页的展示栏区域包括平台公告、昨日数据、平台数据概况、实时访问次数等板块，通过首页模块运营者可以快速了解小程序的整体情况和官方通知。

2. 管理

管理是对小程序版本、运营者、用户反馈进行管理的模块，分为版本管理、成员管理和用户反馈 3 个部分，下面分别进行介绍。

（1）版本管理

版本管理是查看和管理小程序线上版本、审核版本和开发版本的板块，其中线上版本指的是审核通过，用户正在使用的版本；审核版本指的是正在由腾讯官方审核的新版本；开发版本指的是开发时可以预览的版本。

（2）成员管理

成员管理是设置小程序管理人员的板块，运营者可以在其中设置运营者、开发者、数据分析者和体验者 4 个人员权限。其中，运营者是指有权在小程序后台进行运营工作的人员；开发者是指有权对小程序进行开发和修改的人员；数据分析者是指有权对小程序进行数据分析的人员；体验者则是仅有权使用小程序开发版本（即体验版小程序）的人员，无权进入小程序后台。运营者、开发者、数据分析者在小程序后台的权限如表 4-1 所示。

表 4-1 中不同权限的介绍如下。

* 开发者权限：可使用小程序开发者工具及开发版小程序进行开发；
* 体验者权限：可使用体验版小程序；

表 4-1　不同人员在小程序后台的权限

权　　限	角色		
	运营者	开发者	数据分析者
开发者权限		✓	
体验者权限	✓	✓	✓
登录	✓	✓	✓
数据分析			✓
微信支付	✓		
推广	✓		
开发管理	✓		
开发设置		✓	
暂停服务	✓		
解除关联公众号	✓		
腾讯云管理		✓	
小程序插件	✓		
游戏运营管理	✓		

- 登录：可登录小程序管理后台，无须管理员确认；
- 数据分析：可使用小程序统计模块功能查看小程序数据；
- 微信支付：可使用小程序微信支付(微信专有的支付功能)模块；
- 推广：可使用小程序流量主、广告主模块；
- 开发管理：可提交审核、发布、回退不同版本的小程序；
- 开发设置：可设置小程序服务器域名、消息推送及扫描二维码打开小程序；
- 暂停服务：可暂停小程序线上服务；
- 解除关联公众号：可解绑小程序已关联的公众号；
- 腾讯云管理：可使用腾讯云中的备份、接口等功能；
- 小程序插件：可进行小程序插件开发管理和设置；
- 游戏运营管理：可使用小游戏管理后台的素材管理、游戏圈管理等功能。

（3）用户反馈

用户反馈是查看用户对小程序的问题反馈的板块，运营者在此板块中可以查看用户提出的功能异常和产品建议这两类反馈。

📖 小程序的投诉与反馈

如图 4-13 所示，点击 •• 按钮，在打开的弹窗中可以看到"反馈与投诉"功能，其中用户可以按照"功能异常""支付问题""产品建议""投诉"等问题类别向小程序运营者或腾讯官方发出反馈或投诉。

3. 统计

统计是微信公众平台为运营者提供数据分析功能的模块，分为使用分析、实时统计、用

图 4-13　小程序的投诉与反馈

户画像和自定义分析 4 个部分。其中,使用分析包含用户行为数据、分布情况、留存情况、来源等用户使用小程序的相关数据;实时数据包含实时的用户访问小程序次数的相关数据;用户画像包含使用该小程序的用户的各类属性数据;自定义分析可以让运营者根据自身需求设定数据分析项目。

4. 功能

功能模块是指微信公众平台为运营者提供的拓展功能的集合,功能模块包含微信搜一搜、微信小店、客服、订阅消息、模板消息、页面内容接入等拓展功能,认证过后的小程序还有城市服务、微信支付、物流助手、小程序插件等拓展功能。个人小程序中的功能模块内容如图 4-14 所示,下面对其进行介绍。

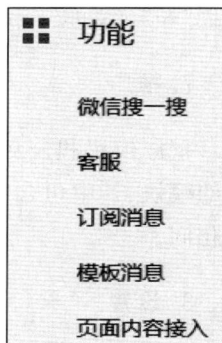

图 4-14　个人小程序中的功能模块

(1) 微信搜一搜

微信搜一搜是设置小程序在搜一搜中的展示结果和查看小程序在搜一搜中被检索的数据情况的板块,微信搜一搜模块可以帮助运营者丰富小程序在搜一搜中搜索结果的展示样式,提高小程序的传播效果。

(2) 客服

客服是设置小程序客服的板块,开启客服功能后,用户可使用小程序客服消息功能,与小程序的客服人员进行沟通。

(3) 订阅消息

订阅消息是运营者设置"给用户推送消息"功能的板块,运营者可以通过该板块向现有的用户推送应用消息,例如外卖小程序给用户推送"下单成功"消息。

（4）模板消息

模板消息也是运营者设置"给用户推送消息"功能的板块,差异是模板消息只能推送现有模板中的内容,无法自由设计内容,模板消息功能已在 2019 年年末下架,由订阅消息功能代替。

（5）页面内容接入

页面内容接入是指微信收录小程序页面,并将这些页面展现在搜索、扫条码等微信功能中的板块,通过这个板块,运营者可以使小程序获得更多的流量。

5.开发

开发是进行公众号开发相关设置的模块,包括运维中心、开发设置、开发者工具、接口设置、安全中心 5 个板块。其中运维中心是查看小程序日志和报错信息的板块;开发设置是查看小程序 ID,设置服务器域名,设置数据预拉取等小程序信息和功能的板块;开发者工具是使用腾讯位置服务、云开发等官方功能的板块;接口设置是设置播放音视频流、录制音视频流、小程序红包等接口的板块;安全中心是检查小程序安全漏洞的板块。

6.成长

成长是进行小程序测评和查看违规记录的模块,运营者可以通过该模块进行小程序测评,达标后将获得额外的权限,也可以查看和处理小程序违规事项。

📖 **小程序测评**

已发布的小程序在累计达到 100 个用户后,可以参与小程序评测,微信公众平台会对小程序进行多方面的测评,最终给出结论。测评达标的小程序将获得"可进入 2 小时极速审核通道"和"可获取小程序接口、功能特性的内测机会"的权限。

7.推广

推广模块和公众号的推广模块相似,是微信公众平台为运营者提供小程序推广、广告收费的模块,其中包含广告主、流量主 2 个部分,操作方法和功能与公众号的广告主、流量主板块相同。

8.设置

设置是设置小程序信息及关联事项的模块,包括基本设置、第三方设置、关联设置和关注公众号 4 个部分。其中基本设置是修改小程序头像、名称、介绍、服务类目等信息的板块;第三方设置是管理第三方工具和插件的板块;关联设置是查看和设置小程序绑定公众号、移动应用、企业微信、微信开放平台账号的板块;关注公众号是设置小程序向公众号引流方式的板块。

4.4　本章小结

本章对小程序的初阶知识进行了介绍,讲述了小程序的基础知识(包括小程序的定义、价值和特点)、小程序的注册和小程序后台的相关知识。

通过本章的学习,读者应该掌握如何注册小程序。

第 5 章
小程序运营

【学习目标】

知识目标	➤ 了解小程序的上线过程及方法 ➤ 了解小程序推广的方法 ➤ 了解小程序常见的变现模式
技能目标	➤ 掌握小程序的用户维系方法

【本章导读】

想要做好一个小程序,仅了解小程序的基本知识是不够的,还需要掌握小程序的种种运营知识。在小程序运营过程中,运营者首先要将小程序上线,然后需要推广小程序让更多人知道,接着需要维系用户让他们持续使用小程序,最后要能通过小程序进行变现。因此,本章将对小程序上线、小程序推广、小程序用户维系和小程序的变现模式进行详细讲解。

5.1 小程序上线

开发人员完成小程序的代码开发后,运营者需要将该小程序上线,使用户能看到并使用该小程序。小程序上线分为审核、提交和发布 3 个阶段,本节将从这 3 个阶段角度出发讲解运营者该如何做好小程序上线工作。

5.1.1 小程序审核

小程序想要上线,必须要经过微信公众平台的审核。为了降低审核不通过的风险,运营者往往需要先自行对小程序进行审核,这就要求运营者了解微信公众平台审核的内容并判断自己小程序是否符合要求。微信小程序的审核内容主要分为基本内容、功能展示、内容呈现 3 类,下面对这 3 类内容进行讲解。

1. 基本内容

小程序的基本内容包括小程序的名字、头像、介绍、服务类目等,这些内容是微信公众平台在审核过程中会重点审核的项目。审核的标准主要是小程序头像清晰,名称、介绍和服务类目相互符合。因此运营者需要选择高清晰度的头像,避免图片中有模糊的部分,并按照实际服务内容设计名称和介绍,选择正确的服务类目。

2.功能展示

鉴于小程序"用完即走"的理念,小程序的功能应是显而易见的,便于使用者快速找到并直接使用。一般来说,运营者需要检查小程序的功能展示位置,是否能让用户在第一时间看到,并且能理解该功能是什么。例如"准呀"小程序是一个趣味测评类小程序,其功能展示十分直接,用户进入其中就可以看到大量的测试链接,可以直接点击自己想做的测试,如图 5-1 所示。

图 5-1　"准呀"小程序首页

3.内容呈现

微信公众平台对于小程序内容的呈现有着严格的要求,违法违规的内容一律禁止出现,游戏、与微信功能相似的内容也会被限制。此外,小程序中还禁止出现任何诱导用户转发分享的内容,更禁止使用虚假信息。运营者需要严格审核小程序中呈的内容,避免小程序因违规而被封。

5.1.2　小程序提交

在审核结束后,运营者需要通过开发者工具将 Release 版本(指的是可以发布的版本)的代码提交至小程序的后台,让微信公众平台对该小程序进行审核。详细的提交小程序的流程如图 5-2 所示。

图 5-2　提交小程序的流程

下面对该流程进行讲解。

1.下载开发者工具

运营者可以在小程序后台根据"文档"→"开发"→"工具"→"下载"路径找到微信开发者

工具的下载链接,如图 5-3 所示。

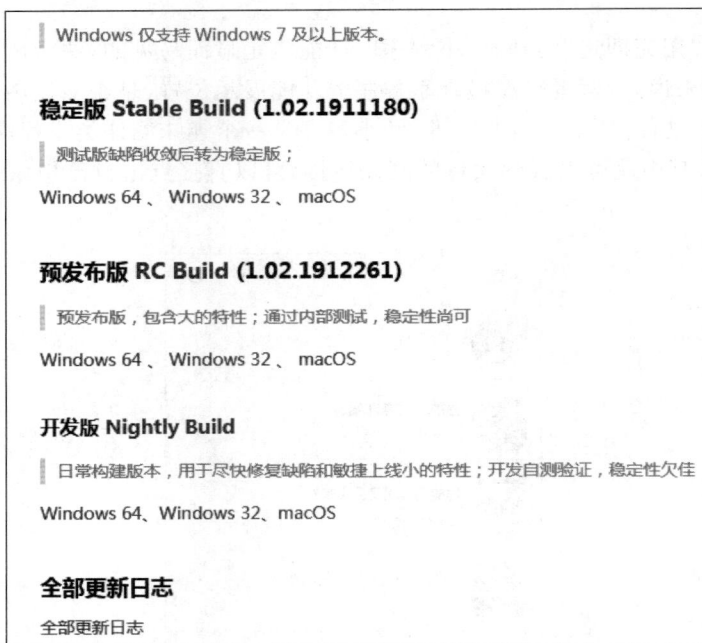

Windows 仅支持 Windows 7 及以上版本。

稳定版 Stable Build (1.02.1911180)

测试版缺陷收敛后转为稳定版;

Windows 64 、 Windows 32 、 macOS

预发布版 RC Build (1.02.1912261)

预发布版,包含大的特性;通过内部测试,稳定性尚可

Windows 64 、 Windows 32 、 macOS

开发版 Nightly Build

日常构建版本,用于尽快修复缺陷和敏捷上线小的特性;开发自测验证,稳定性欠佳

Windows 64、 Windows 32、 macOS

全部更新日志

全部更新日志

图 5-3　微信开发者工具的下载链接

在图 5-3 中,有多个版本的微信开发者工具下载链接,运营者需要按照自己电脑的实际配置,选择合适的版本进行下载。

2. 新建小程序项目

打开安装好的微信开发者工具,选择新建小程序项目,如图 5-4 所示。填写项目名称、项目目录、AppID、开发模式等内容,其中 AppID 来自于小程序后台的设置模块。

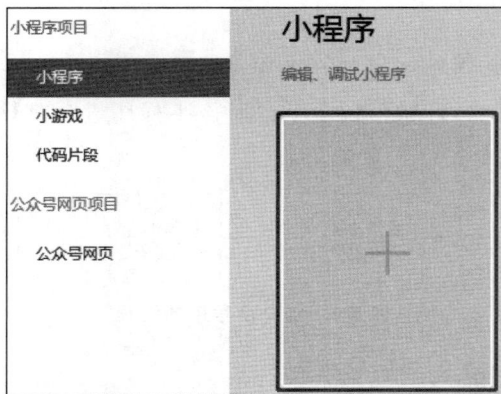

小程序项目
小程序
小游戏
代码片段
公众号网页项目
公众号网页

小程序
编辑、调试小程序

图 5-4　新建小程序项目

3. 上传小程序代码

在微信开发者工具的小程序项目编辑页面,可以通过单击首页 **»** 按钮中的"上传"按钮来上传现有小程序代码,没有现成小程序代码的运营者也可以让技术人员在此界面直接进行小程序开发。

4. 提交审核

提交审核这一步骤需要运营者在小程序后台进行操作,即在"管理"→"版本管理"页面中,找到"开发版本"选项,单击"提交审核"按钮并填写小程序相关信息即可。在提交审核后,有 3～7 天的审核期,运营者需要留意微信公众平台的通知,以便在发生"审核未通过"的情况时能及时做出处理。

如果遇到审核未通过的情况,运营者需要查看审核结果中对于不符合要求的内容的说明,并将这些内容反馈于小程序开发人员。在这些问题修改完成后,运营者需要再次将小程序进行提交并审核。

5.1.3　小程序发布

小程序审核通过后,运营者会收到微信公众平台所发的"审核通过"通知。收到通知后,运营者应该尽快进行小程序的发布工作。

运营者需要进入小程序后台,在"管理"→"版本管理"页面中找到"审核版本"选项,单击"提交发布"按钮,并由小程序管理员扫码验证完成发布工作。

小程序发布后,运营者可以通过"在微信中检索小程序名称"的方法,查看小程序是否已经成功上线。另外,在小程序后台"管理"→"版本管理"页面中会生成"线上版本"。

需要注意的是,小程序一经发布,名称就会无法修改,运营者需要谨慎选择。

📖 小程序设计指南

在一些小公司或组织中,运营者可能需要自行设计小程序,对于设计小程序较为陌生的运营者可以查看微信公众平台给出的小程序设计指南。设计指南的位置在小程序后台"文档"模板的"设计"板块中,部分信息如图 5-5 所示。

根据微信公众平台给出的指南,可以归纳为操作流畅、导航简洁、重点突出、页面美观 4 项主要内容。下面对这 4 项内容进行讲解,帮助读者更好地理解该指南,从而设计出一个符合要求的小程序,提高小程序的审核通过率。

1. 操作流畅

操作流畅指的是用户在使用小程序时,其行为路径不会被各式各样内容打断。例如有些小程序为了增加对用户的吸引力,会在用户路径中的某些阶段设置弹窗页面,弹出抽奖、领取福利等内容。虽然运营者的出发点是为了给予用户好处,但是突然出现的页面会打断用户的操作,使用户对该页面乃至该小程序产生不满情绪。因此运营者在设计小程序时需要减少不必要的弹窗、提醒等会打断用户操作的内容。

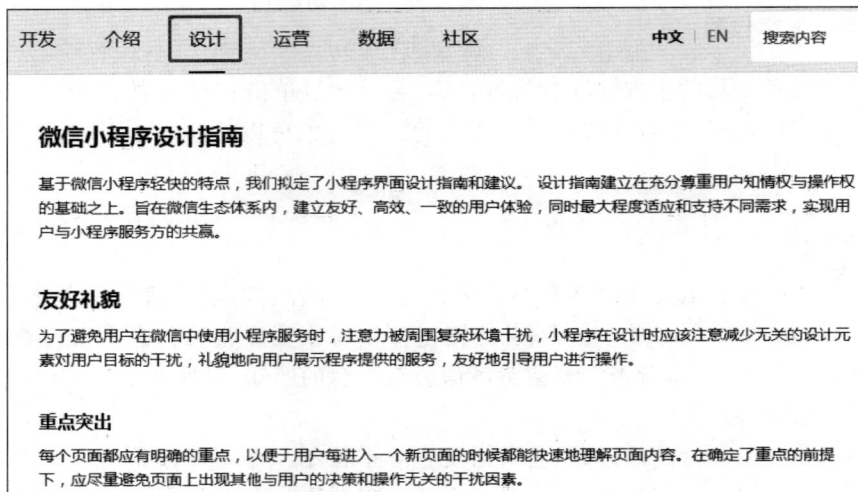

图 5-5　微信小程序设计指南

2. 导航简洁

导航简洁指的是小程序拥有便于理解、一看即知的导航栏设置。对于用户，尤其是第一次进入小程序的用户来说，导航栏可以帮助他们了解该小程序所拥有的内容。简洁明了的导航栏可以让用户迅速找到自己所需的内容，减少不必要的探索时间，增加小程序的易用性。

3. 重点突出

重点突出是指将小程序中的重点内容都加以突出显示，从而让用户更好地获知页面中的重点内容。

4. 页面美观

固然小程序的功能优劣是决定小程序是否能吸引用户的关键要素，但小程序页面的美观度也会在很大程度上影响用户的体验。美观的页面会使用户愿意持续使用该小程序，劣质的页面会导致用户离开乃至弃用该小程序。

5.2　小程序推广

在小程序上线后，运营者需要做的第一件事是推广小程序，让更多的人知道并使用该小程序。为了实现这一目的，运营者需要从线上和线下两个渠道同时进行小程序的推广工作，因此本节将从线上推广和线下推广两个角度为读者讲解如何进行小程序的推广工作。

5.2.1　线上推广

由于小程序是一款线上产品，十分适合用于线上传播，因此线上推广是小程序的主要推广方式。线上推广根据运营者是否需要支付推广费用,可以分为免费推广和付费推广两种,下面分别进行介绍。

1. 免费推广

免费推广在此处是指不需要花钱购买曝光量的推广形式,常见的免费推广方式包括公众号推广、微信搜索 SEO、使用"附近的小程序"功能、微信群传播、小程序内活动推广和用户自行传播,下面逐一进行介绍。

（1）公众号推广

利用公众号推广小程序是一个极其方便和有效的方式,通过将小程序和公众号进行关联,可以将公众号中的用户引流至小程序中,快速提高小程序的知名度。

使用公众号推广小程序的第一步是要将小程序与公众号进行关联,方法是在公众号后台的"小程序"模块中填写申请关联小程序的表单名并发出申请,然后运营者需要进入小程序后台,通过这条公众号发出的申请。

在公众号推广小程序主要有以下 3 种形式。

① 在菜单栏植入小程序

运营者可以将小程序放入菜单栏,使用户点击菜单栏就可以进入小程序。与此同时,运营者需要在自动回复中设置提醒,告知用户在菜单栏中的小程序对他们的价值。例如在一个电商类公众号中,运营者可以告知用户点击菜单栏中的小程序链接能领取商品折扣券,使用户在购买商品时可以享受优惠。

② 在图文中植入小程序

运营者可以在公众号的图文中插入小程序链接,再附加上一些引导用户点击小程序链接的内容,吸引用户进入小程序。例如在一个电商类公众号中,运营者可以在图文的末尾加上商城小程序的链接,并附加"点击链接进入商城,抢购更多优质商品"的文字内容。

③ 软文推广小程序

运营者还可以为小程序专门编撰软文,突出小程序的价值与优势,使用户知晓并使用小程序。例如在一个电商类公众号中,运营者可以通过突出用户在商城小程序中购买商品后可以享受发货快、损坏率低、有赠品等服务,吸引用户进入小程序购买商品。

（2）微信搜索 SEO

微信搜索 SEO 指的是通过优化小程序名称和介绍,使用户更容易在微信搜索中搜到该小程序。小程序与公众号一样,名称具有唯一性,后来者无法使用已被使用的名称,因此小程序很适合使用 SEO 的推广方法。

运营者在做小程序 SEO 时,需要根据用户的搜索习惯和产品特性,尽可能将用户常常搜索的关键词作为小程序名称和小程序介绍的一部分,使小程序更有可能被用户搜索到。

例如在微信中检索"大闸蟹",搜索结果如图 5-6 所示。

图 5-6　微信中检索"大闸蟹"

在图 5-6 中可以看到,在"大闸蟹"这一关键词的搜索结果中,"阳澄湖牌大闸蟹官方"小程序排名十分靠前,说明该品牌的小程序在微信搜索 SEO 上的工作做得较好,以此获得了很多的曝光量,提升了该小程序的知名度。

（3）使用"附近的小程序"功能

"附近的小程序"功能是微信公众平台向小程序运营者提供的一个推广工具,除个人主体外的小程序都可以使用。运营者只需要在小程序后台开通"附近的小程序"功能并准确地上传相关证件资料和所在地地址,在微信公众平台审核通过后,"附近的小程序"功能就已经开通了。

通过使用"附近的小程序"功能,运营者可以使小程序展示在指定地址附近用户的微信中,提高了小程序的曝光率,从而可以增加使用小程序的用户数量。

（4）微信群传播

由于小程序可以生成微信链接和二维码,使得小程序在微信中传播十分便捷,其中通过微信群传播是最有效的方法之一。运营者可以将小程序链接或二维码搭配一些引导性语言发送至各个微信群中,吸引用户进行点击。下面通过例 5-1 来帮助读者理解如何通过微信群推广小程序。

例 5-1 小雨通过微信群推广小程序

在小程序上线后,小雨被要求进行小程序的推广,使更多的人知道该小程序。由于公司除了微信群较多外其他资源都极其有限,领导又要求在短期内实现"有不少用户来使用小程序",因此小雨最终决定在微信群推广小程序。

首先小雨先对小程序进行分析,其主要的亮点在于资讯更新速度快,刚发生的新闻就会在该小程序上更新,此外该小程序内没有任何广告。因此在小程序搭配的引导话术中,需要重点突出"资讯新、更新快、无广告"的特点,小雨总结出了如下引导话术。

还在因为消息滞后,吃不上最热乎的瓜而气愤吗?

吃瓜时候嫌弃微博那令人恶心的广告吗?

这里有一个消息及时又没有广告的资讯新平台,无须注册无须登录,随时随地吃瓜! 点击下面的小程序链接开启吃瓜之旅吧!

然后小雨对社群进行了观察,发现这些群在下午 4 点较为活跃,在每周的周五最为活跃。为了强化宣传效果,小雨决定在周五的下午 4 点推送小程序链接和话术,推送效果如图 5-7 所示。

在多个社群推广小程序后,当天就有数百人使用了该小程序,为小程序内的内容带来了上千的阅读量。

（5）小程序内活动推广

在小程序中可以设计各类推广活动,例如拼团、砍价、分享奖励等,从而激发用户的传播积极性,达到传播小程序的目的。

例如"每日优鲜"小程序内有众多的分享和拼团活动,其中有一个"1 元拼团"的活动,活动内容是凑齐 2 个用户组团即可享受 1 元购买商品的优惠,如图 5-8 所示。该小程序通过这样的优惠活动,促使用户不断将小程序转发给朋友,并让这些朋友也进行购买,从而增加小程序的使用者数量。

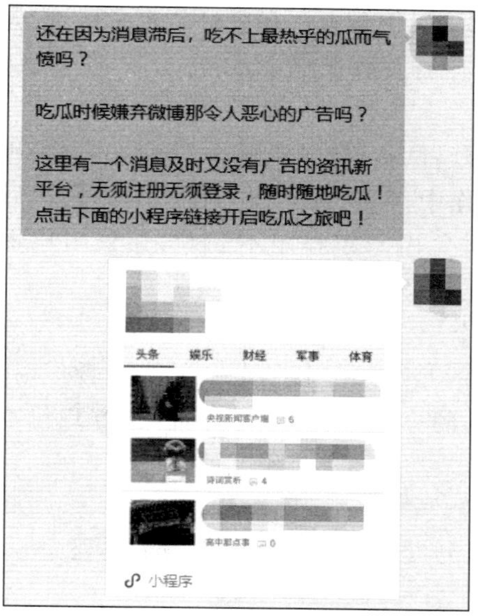

图 5-7　小雨在社群推广小程序

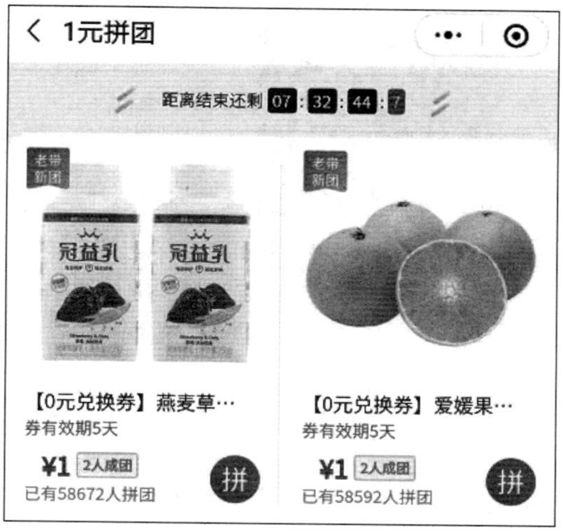

图 5-8　"每日优鲜"小程序"1 元拼团"活动

（6）用户自行传播

用户自行传播也是小程序常见的推广方式之一，运营者通过配合小程序开发人员，将小程序的内容及服务持续优化，使小程序满足用户的需求。当用户对该小程序很满意时，就有很大概率自行将该小程序推荐给他人。

2. 付费推广

付费推广指的是需要为每个曝光量支付费用的推广形式，付费推广往往会比免费推广效率更高、速度更快。常见的付费推广方式包括微信广告主和公众号合作，下面逐一进行介绍。

（1）微信广告主

和公众号相似，微信公众平台也为小程序提供了广告主的服务，运营者可以通过开通广告主服务在微信中实现广告投放。广告主的优势在于运营者可以精准地选择自己想要投放的用户类型，即运营者可以自行设置看到该广告的用户的性别、年龄、地域、喜好等属性。广告主广告包括朋友圈广告、公众号广告和小程序广告，下面简单地进行介绍。

① 朋友圈广告

朋友圈广告指的是基于微信生态体系，以类似朋友圈的原创内容形式在用户朋友圈进行展示的广告。朋友圈广告主要样式包括常规广告、基础式卡片广告、选择式卡片广告和投票式卡片广告。

② 公众号广告

公众号广告是指基于微信公众平台生态，以类似公众号文章内容的广告。公众号广告主要样式包括文章底部广告、文章中部广告、视频贴片广告等。

③ 小程序广告

小程序广告是指由小程序流量主自定义展现场景,根据各自小程序的特点,设计广告位置的广告。小程序广告要样式包括 Banner 广告、激励式广告、插屏广告等。

以上广告样式读者可以扫描如图 5-9 所示的二维码查看详情。在实际工作中,运营者会在小程序较为完善后再进行广告主推广,避免由于小程序不完善,导致用户不满意小程序,使得推广效果较差。

图 5-9　广告主广告的展示样式

（2）公众号合作

公众号合作指的是通过与其他公众号进行合作,在这些公众号中投放小程序的广告,实现小程序推广目的的推广方式。常见的合作方式包括单次合作和长期合作 2 种。

① 单次合作

单次合作指的是一次性的推广合作,一般为公众号发送软文宣传广告主的小程序。

② 长期合作

长期合作指的是合作双方签订一定期限的合作协议,通过多种方式推广小程序,包括将小程序加入菜单栏、定期推送宣传软文等。

5.2.2　线下推广

对于与线下实体店相结合提供服务的小程序来说,通过线下推广可以高效地引导用户使用小程序。线下推广的主要方式为二维码传播,二维码传播指的是运营者设计线下服务或活动,该服务或活动只有用户扫描二维码进入小程序后才可使用。例如某生鲜超市曾为了推广小程序,设置了"用户在小程序中选择商品并支付可以获得优惠券"的活动,通过优惠券来吸引用户使用该小程序,达成推广小程序的目的。

线下推广主要包括门店推广、单页推广、工具推广 3 种方式,下面对这些方式分别进行介绍。

1. 门店推广

门店推广指的是利用线下的门店,布置推广小程序的易拉宝、海报等物料,或者以小程序为工具,提供线下服务的推广方式。例如不少餐饮场所提供的小程序点餐服务,其中有部分小程序是商家自行开发,通过点餐服务进行推广宣传的。

2. 单页推广

单页推广指的是运营者通过散布小程序宣传单页实现传播的推广方式,例如一些线下会展活动,运营者就可以通过向参会者发放小程序宣传单页来推广小程序。

3. 工具推广

工具推广指的是运营者通过设置打印机、体重秤、纸巾机、娃娃机等工具,用户需要扫码申请才可使用,而后在申请页面上展示小程序的信息和链接,以此来推广小程序。在这种推广方式中,运营者只需要设置一次,就会有源源不断的用户打开小程序,运营成本较低。

5.3 小程序用户维系

小程序的推广固然重要,但是仅仅是把用户吸引来使用小程序是不够的。当下有不少的小程序,在推广方面有所成就,每天都可以获得不少的新用户,但是由于未掌握用户维系的方法,导致这些新用户在使用一两次该小程序后就不再使用,造成了小程序用户的大量流失,使得小程序发展缓慢,因此掌握小程序的用户维系方法是十分重要的。

运营者在进行小程序的用户维系工作时,首先要优化小程序本身,再利用各种运营技巧使用户愿意继续使用,本节将从优化小程序和用户维系的技巧两个部分来讲解如何做好小程序的用户维系工作。

5.3.1 优化小程序

俗话说"打铁还需自身硬",想要留住小程序的用户,小程序本身就需要有足够的"硬度"。因此运营者需要对小程序进行不断的优化,使小程序可以让用户满意。在实际工作中优化小程序可以从优化内容质量、控制产品价格、强化自身特色、及时解决用户问题 4 个角度进行,下面分别进行介绍。

1. 优化内容质量

内容质量是小程序价值的重要体现,此处的内容包括小程序的界面、服务、商品等。每个用户都希望在小程序中看到的是优质的界面,享受的是优质的服务,买到的是优质的商品。正是用户对于小程序内容质量有一定的预期,才导致用户将小程序实际的内容质量与预期的内容质量进行对比。如果实际的内容质量无法达到用户的预期,那么用户就会对该小程序产生失望的情绪,乃至不再使用该小程序。

运营者可以通过以下方法优化内容。

(1)用户回访

对已经使用过小程序的用户进行回访,可以了解他们对于使用小程序的感受,并从中找出他们对小程序哪些内容不太满意,及他们想要什么样的内容,以此可以对内容做出较好的优化。

(2)数据分析

运营者可以根据小程序内容的访问情况和用户停留时长,找出访问少、停留时间短的内容,再比对访问多、停留时间长的内容,找到引发用户不满的根源。

(3)解决问题

在确定引发用户不满的根源后,运营者需要尽快寻找解决方法,以最快的速度解决问题。例如用户对小程序背景色不满意,运营者就需要快速调查同行小程序的背景色,找出用户满意度较高的颜色,把其作为自己小程序的背景色。

解决问题的方法往往多种多样,运营者很可能没办法只用一次修改就完全解决问题,因此运营者在解决问题的过程中还需要不断进行测试,以找到最佳的解决方法。

2. 控制产品价格

随着互联网产业的快速发展,几乎每一种产品都有大量的竞争者,用户在选择产品时,有很大的选择空间。因此运营者在设计产品价格时,需要采用较为合理的定价方法,不能为了高额的利润随意提高产品价格。

为了制定出适宜的价格,运营者可以通过价格敏感度测试来找到适合的产品价格。价格敏感度测试指的是为衡量用户对不同价格的满意及接受程度,了解用户认为合适的产品价格所做的测试研究。可通过描绘价格趋势图、气泡图、正态分布图等方法,为运营者确定产品的合适价格提供重要的参考依据。

在小程序中,运营者所做的价格敏感度测试往往以问卷调查的形式出现,一般调查的问题有以下 4 类。

- 用户觉得很划算,肯定会购买的价格;
- 用户觉得价格偏高,但会考虑购买的价格;
- 用户觉得太贵而不会买的价格;
- 用户觉得过于便宜而不会买的价格。

以上 4 类问题一般以选择题的形式呈现给忠实的用户,在设计题目时,运营者需要根据竞品、以往服务价格、服务成本等要素制定出合理的题目选项。

问卷设计完后,运营者需要将设计好的问卷发放给用户,一般以 120～240 个用户为宜,最低应不少于 80 人。在获取到足够数量的用户答卷后,运营者进行数据分析,最终得出结果,数据分析的过程如下。

(1) 统计结果

运营者需要将用户答卷的数据按照问题和价格分类,整理为表格。

(2) 统计每个选项的总人数

运营者需要将每一个问题中,每一个选项一共有多少人赞同进行统计。其中"用户觉得很划算,肯定会购买的价格"和"用户觉得过于便宜而不会买的价格"的数据需要从价高向价低积累,因为觉得 2000 元便宜的用户肯定也会觉得 1000 元便宜;"用户觉得价格偏高,但会考虑购买的价格"和"用户觉得太贵而不会买的价格"的数据需要从价低向价高积累,因为觉得 3000 元贵的用户肯定也会觉得 4000 元贵。

(3) 将数据转换为百分比

运营者需要将表格中的每一项数据转换为每个选项的总人数和问卷总人数的比值,便于之后的统计工作。

(4) 制作折线图并得出结论

运营者需要将不同问题的百分比数据呈现在同一张折线图上,最终在折线图中,"用户觉得价格偏高,但会考虑购买的价格"和"用户觉得过于便宜而不会买的价格"的交点与"用户觉得很划算,肯定会购买的价格"和"用户觉得太贵而不会买的价格"的交点构成可取的价格区间。

而"用户觉得很划算,肯定会购买的价格"和"用户觉得价格偏高,但会考虑购买的价格"的交点一般为最优的价格选项。

为了便于读者理解如何使用价格敏感度测试获取到合适的服务价格,下面通过例 5-2

来进行讲解。

例 5-2　小雨调整订阅服务的价格

某天领导告诉小雨小程序要优化一个付费订阅(即用户付费后可以定时获取到指定领域的资讯推送)的服务价格,要求小雨尽快给出该服务新的售价。小雨决定通过价格敏感度测试获取到合适服务价格,执行的过程如下。

STEP 01　根据该付费订阅服务属性,设计出了以下 4 个问题。

A. 这个推广服务以哪种价格销售时,您开始觉得便宜划算,肯定会购买?

B. 这个推广服务以哪种价格销售时,您开始觉得有点贵,但是还是会考虑购买?

C. 这个推广服务以哪种价格销售时,您开始觉得价格实在太高,不会考虑购买?

D. 这个推广服务以哪种价格销售时,您开始觉得价格过于便宜,便宜到怀疑它的质量而不会购买?

STEP 02　根据同行的价格以及自身的成本,将选项中的价格区间定位为 1000～5000元,每个选项之间有 500 元的间隔,即每个问题都有 1000、1500、2000、2500、3000、3500、4000、4500 和 5000 这 9 个选项。

STEP 03　将问卷发放至公司的多个社群中,并获得了 100 份答卷,每个问题的用户选择情况如表 5-1 所示。

表 5-1　问卷答案统计表

价格/元	问题 A/人	问题 B/人	问题 C/人	问题 D/人
1000	3	0	0	22
1500	11	5	2	25
2000	12	17	4	53
2500	30	13	14	0
3000	24	28	15	0
3500	20	23	20	0
4000	0	4	13	0
4500	0	5	18	0
5000	0	5	14	0

STEP 04　统计出每个选项的总人数,如表 5-2 所示。

表 5-2　每个选项的总人数

价格/元	问题 A/人	问题 B/人	问题 C/人	问题 D/人
1000	100	0	0	100
1500	97	5	2	78
2000	86	22	6	53
2500	74	35	20	0

价格/元	问题 A/人	问题 B/人	问题 C/人	问题 D/人
3000	44	63	35	0
3500	20	86	55	0
4000	0	90	68	0
4500	0	95	86	0
5000	0	100	100	0

STEP 05　将表中每一项数据除以"100 人",得到如表 5-3 所示的结果。

表 5-3　每个选项的人数百分比

价格/元	问题 A/%	问题 B/%	问题 C/%	问题 D/%
1000	100	0	0	100
1500	97	5	2	78
2000	86	22	6	53
2500	74	35	20	0
3000	44	63	35	0
3500	20	86	55	0
4000	0	90	68	0
4500	0	95	86	0
5000	0	100	100	0

STEP 06　将百分比的表格做成折线图,如图 5-10 所示。

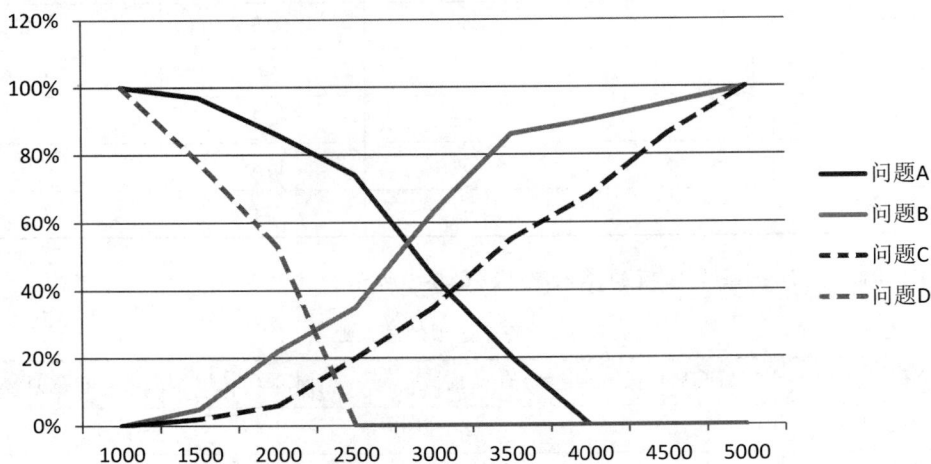

图 5-10　百分比数据折线图

STEP 07　找出其中的数据交点,"用户觉得价格偏高,但会考虑购买的价格"和"用户觉得过于便宜而不会买的价格"的交点为 a;"用户觉得很划算,肯定会购买的价格"和"用户觉得太贵而不会买的价格"的交点为 c;"用户觉得很划算,肯定会购买的价格"和"用户觉得价格偏高,但会考虑购买的价格"的交点为 b,如图 5-11 所示。

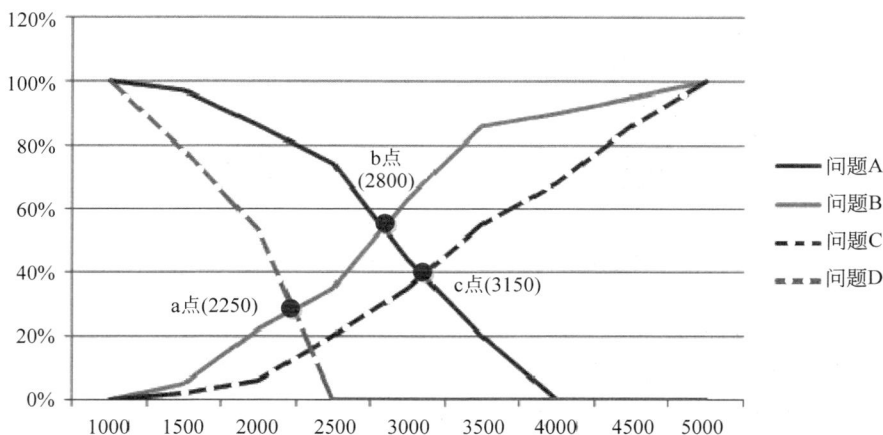

图 5-11　找出 a、b、c 3 个交点

STEP 08　最终得出适合的价格区间为 2250～3150 元,其中较为合适的价格为 2800 元。经过和领导讨论,该服务最后的定价为 2800 元。

3. 强化自身特色

每一款小程序在设计时都有自身的特色,但是一些小程序的特色不为用户所知,用户就会觉得该小程序和别的小程序差不多,而减少使用该小程序。为了避免这一问题,运营者需要强化小程序自身的特色,让用户能直观地感受到小程序的特色,从而和竞品拉开差距,使用户更愿意使用自己的小程序。

强化自身特色的方法主要分为提升特色和突出特色 2 种,下面进行介绍。

（1）提升特色

提升特色指的是运营者需要根据用户使用情况,对特色服务进行优化,使特色点更加具有"特色",从而吸引更多用户。为了实现这一目的,运营者首先需要进行竞品分析以找到自身的特色点,再通过对用户的调查找到用户欢迎的特色点,最终根据用户反馈,对用户最欢迎的几个特色点提出优化意见,交由小程序开发人员进行优化。

需要注意的是,很多小程序在开发时就会设定好特色,但是"运营者认为的特色"不一定和"用户认为的特色"一致,运营者在定位特色时一定要结合用户的意见,不能仅凭自己的想法。

（2）突出特色

突出特色指的是通过一些运营手段,使用户进入小程序后,一眼就能看到小程序的特色,下面介绍两种较为好用的突出特色方法。

① 在小程序首页突出

为了在第一时间吸引到用户的注意力,运营者可以将特色点放在小程序首页显眼位置,并用鲜艳的颜色或特殊的标签加以突出。例如图 5-12 所示的"宜生到家"小程序首页,其中"预约到院"是该公司新推出的特色服务,为了强化突出该特色,运营者给图标上加了一个 new 的标签,用以突出。

图 5-12 "宜生到家"小程序首页导航栏

② 通过文字进行介绍

除了视觉上突出特色外,运营者还可以通过诱人的文字来吸引用户使用特色服务。例如图 5-13 所示为"锦衣盒"小程序的会员界面,用户订阅会员以享受定制服装的服务是该小程序的特点,为了突出特点,该小程序采用了为用户节省阅读和理解时间的介绍方法,用以吸引用户。

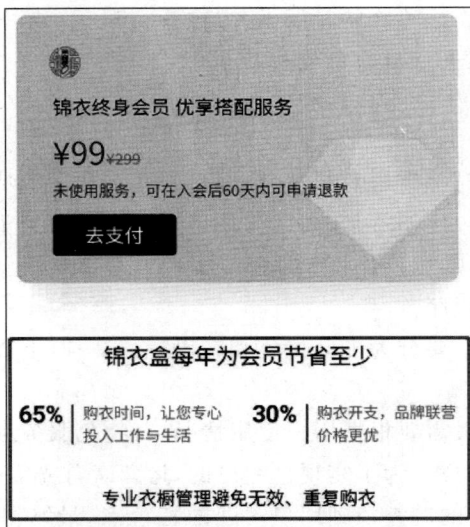

图 5-13 "锦衣盒"小程序的会员界面

4. 及时解决用户问题

人无完人,小程序中也没有完全完美的小程序,总会存在这样或那样的问题。这些问题一旦被用户发现和提出,运营者需要及时去进行解决。即使暂时无法解决该问题,运营者也一定要及时答复用户,安抚用户情绪,并告知他会尽快处理。如果运营者没有及时解决用户的问题,随着时间的推移,用户会对该小程序越来越不满意,以至于对该小程序失去信心,不再使用。

解决问题的前提是发现问题,运营者需要有足够的渠道来获取用户的反馈,即小程序中需要有足够的用户可以反馈问题的途径,这需要运营者和小程序设计者、开发者协作,根据小程序的实际情况进行设置。

5.3.2 用户维系的技巧

在优化完成小程序后,运营者还需要通过各式各样的运营手段,维系现有的用户,提高用户的留存率。在实际工作中,运营者可以通过签到奖励、使用指南、在线客服、任务奖励、等级服务等技巧来维系用户,下面对这些常见的技巧进行介绍。

1. 签到奖励

签到指的是用户每天在进入小程序后可以进行的打卡行为,签到奖励指的是用户在连续或累计完成一定天数的签到后,可以领取一定的奖励。签到奖励可以用于各行各业,是一个通用的维系用户的方法,使用奖励诱惑用户进行签到,从而增加用户使用小程序的时长,让用户养成使用该小程序的习惯。

在设计签到奖励时,运营者需要注意签到界面、奖励规则和奖品 3 个事项。

(1)签到界面

一般来说,签到界面为弹出式页面,用户在进入小程序的第一时间就会弹出。在设计签到界面时要注重简洁明了,让用户能快速找到签到按钮,界面内要素不能过多。例如图 5-14 所示的就是一个不错的签到界面案例,界面中清晰地显示了签到按钮和每天可以领取到的奖励。

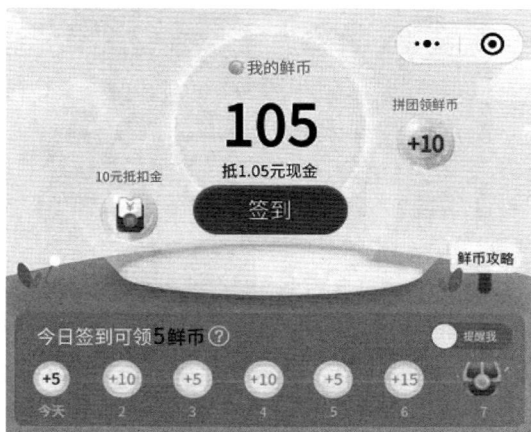

图 5-14 "每日优鲜"小程序签到界面

(2)奖励规则

根据连续签到和累计签到两种签到规则,奖励规则一般分为连续签到奖励和累计签到奖励。

① 连续签到奖励

连续签到奖励指的是用户需要连续若干天签到才能领取到的奖励,一般在设计这类奖励时,以 15 天或 1 个月为一个循环,每隔几天就设置一个奖励。例如每 3 天设置一个奖励,用户连续签到 3 天即可领取。

　　② 累计签到奖励

　　累计签到奖励指的是用户累计签到到达一定天数就可以领取奖励,一般在设计这类奖励时,以 1 周为一个循环,每天都有奖励,最后一天奖励最大。例如图 5-14 中第 1 天至第 7 天都有奖励,最后 1 天是一个礼包奖励。

　　(3)奖品

　　设计签到奖励的奖品时,运营者需要设计一套价值递增的奖励,即签到次数越多奖励越好,例如签到 10 次肯定会比签到 1 次的奖励好。至于奖励内容,运营者可以采用积分、代金券、优惠卡、限时折扣等成本较低但是对用户有实际价值的物品,一般建议使用虚拟物品奖励。

2.使用指南

　　一些小程序内会不断更新新的功能,老用户在看到这些新功能时可能会十分茫然,不知道自己该如何操作。这时候如果小程序有专门的使用指南去引导用户使用新功能,就可以很好地提升用户的使用体验,使用户更愿意使用该小程序。

　　例如图 5-15 所示为“安居客”小程序的咨询页面,在该页面发布初期,用户第一次进入该小程序时会有“选择问题类型答疑解惑”“输入问题进行提问”等提示,便于用户了解如何使用该小程序。

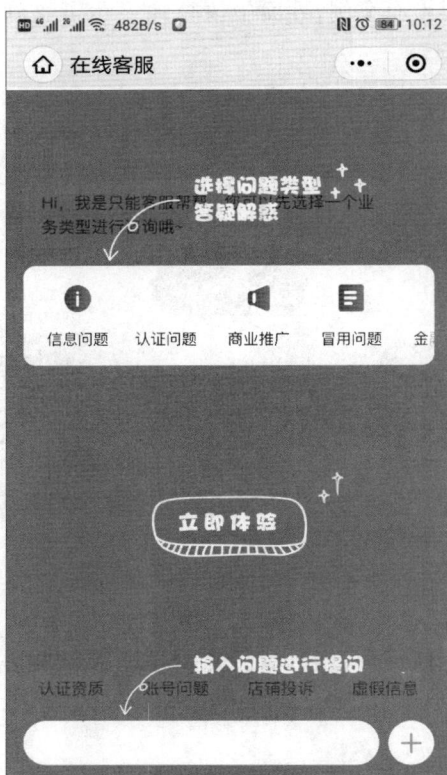

图 5-15　“安居客”小程序的咨询页面

3. 客服功能

一些小程序的功能可能不太完善，或一些功能的使用难度较高，因此用户在使用的过程中往往会遇到各种各样的问题。这时如果小程序有专门的客服功能去解决这些用户的问题，引导用户进行操作，就可以很好地降低用户的不满情绪，减少用户流失。

例如图 5-16 所示为"××咖啡"小程序的在线客服界面，用户可以选择现有的问题解答进行查看，也可以自行提出问题等待客服进行回答。

4. 任务奖励

任务奖励指的是运营者提供一个任务（通常与社交行为有关），用户将该任务完成后可以获得一定的奖励。通过任务奖励，运营者可以增加用户使用小程序的时长，增加用户使用率，还可以通过用户的社交圈使小程序被更多的人所知。

例如图 5-17 所示为"京东购物"小程序中的一个界面，成功邀请 4 位好友"帮拆"后可以获得金额不等的现金奖励。

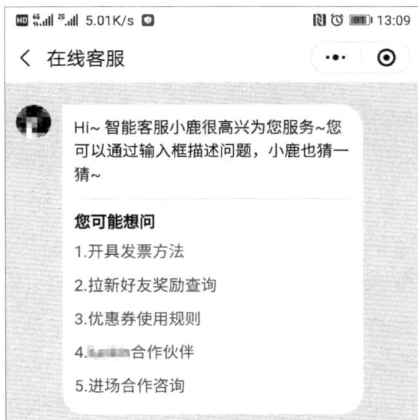

图 5-16　"××咖啡"小程序的在线客服

图 5-17　"京东购物"小程序中的任务

5. 等级服务

等级服务指的是通过设置不同等级的会员体系，从而可以将用户按照消费总额、购买意愿等条件划分为不同的用户类型，有针对性地向不同类型的用户提供服务，最终提高用户的满意度。例如"京东购物"小程序中可以查看到京东所设置的京东会员、PLUS 会员、山姆会员等会员等级，不同会员享受不同的权益和服务。

5.4　小程序变现模式

小程序是向用户提供服务(包括销售商品服务)的一个平台,除了部分小程序完全作为服务平台不考虑收益之外,大多数小程序运营者都会通过小程序实现一定的变现。而想要实现小程序的变现,首先需要知道小程序具有哪些常见的变现模式,常见的小程序变现模式包括商品销售、服务付费、广告营收等,本节将分别进行介绍。

5.4.1　商品销售

有很多小程序本身就是电商类小程序,还有一些小程序自带商品销售功能,因此这些小程序可以直接通过销售商品的模式进行变现。小程序通过商品销售实现变现的方法主要是由开发人员构建电商体系和对电商体系进行运营,与微信运营无关,此处不做详细讲述。

对于运营者来说,并不是每一个小程序都适合采用商品销售的变现模式,一般来说,适合账号主体有知名品牌的小程序,账号主体有较多现有用户的小程序和账号主体有线下实体商场的小程序(符合多项要求的小程序更加适合),下面分别进行介绍。

1. 有知名品牌的小程序

对于小程序来说,账号主体有知名品牌意味着小程序在传播的过程中有较大的优势,因为用户往往会选择自己知晓的品牌购买商品。在有知名品牌的小程序中,零售类、餐饮类、快消品类行业的品牌更适合在小程序中进行商品销售,例如周黑鸭、便利蜂、屈臣氏这些较为知名的品牌都有自己的电商小程序。

如图 5-18 所示为"屈臣氏官方商城"小程序的首页,可以看到它和其他电商 App 极其相似,有着完整的电商体系和服务体系,屈臣氏通过该小程序获得了大量的收入,并在新零售行业中获得了很高的知名度和好评。

图 5-18　"屈臣氏官方商城"小程序

除了上述这些自营类的电商小程序,还有一些第三方电商平台类的小程序,例如"京东购物""小红店精选"等小程序,由品牌方提供平台,商品卖家入驻销售商品。

2. 有较多现有用户的小程序

通过商品销售实现变现的这一模式,通俗来说就是购买商品的人越多,运营者赚得也就越多。因此,账号主体有较多现有用户的小程序就有较大的优势,可以直接将现有用户引流至小程序中促进购买。

例如"酷玩商店""日食记生活馆""丁香家"这 3 个小程序的账号主体都有一个或多个有大量粉丝的公众号,因此可以通过小程序绑定公众号等形式,引导用户进入小程序进行购买。如图 5-19 所示为"酷玩实验室"公众号的菜单栏和"酷玩商店"小程序的商品页,"酷玩实验室"就是通过该链接引导用户前往"酷玩商店"小程序的。

图 5-19 "酷玩实验室"公众号和"酷玩商店"小程序

3. 有线下实体商场的小程序

有线下实体商场(或店铺、摊位)的运营者也很适合将小程序作为一个电商平台,销售线下的商品。也有一些餐饮行业的运营者结合电子菜单,使用户可以线上点餐和付费,在方便用户的同时也为自己节约了成本。

5.4.2 服务付费

服务付费模式也是小程序较为常见的变现模式之一,该模式详细来说就是运营者通过小程序向用户提供各式各样的付费服务,用户付费购买服务后运营者即可获得收益。在小程序中常见的付费服务包括培训、会员、生活服务等,下面分别进行介绍。

1. 培训

有很多教育培训行业的公司或机构将小程序作为承载培训服务的平台,通过小程序向用户提供课程、辅导等培训服务。培训类服务付费中最关键的是培训的内容要有效,用户在接受培训后有符合预期的收获和成长,这才能使小程序得到用户的肯定,并通过口碑进行传播。

例如图 5-20 所示为"白熊学院"小程序的首页,这是一个求职培训类的小程序,用户可以根据自身需求选择适合自己的课程进行学习,不同课程有着不同的培训内容,经过培训后用户可以获得自己所需要的求职知识。

2.会员

与公众号中的会员体系类似,很多小程序中也存在会员体系,不同的会员有着不同的服务内容与价格,例如前文中提到的"京东购物"小程序中的 3 种会员。会员类服务付费中最关键的是服务与价格相匹配,要让用户有"物超所值"的感受,用户才会更加积极地购买会员;相反,如果让用户觉得服务的价值远低于购买会员的费用,用户就会对该小程序失去好感,甚至不再使用该小程序。

3.生活服务

一些小程序仿照 App,向用户提供了一些简单的生活类付费服务,例如快递、打车、车辆租赁等。用户通过这些小程序,可以享受到便捷的生活服务,提高生活质量。因此生活服务类付费服务需要注重用户使用时的便捷性,同时要时刻留意用户的意见反馈,从而优化服务。

例如图 5-21 所示为"顺丰速运＋"小程序,可以看到向用户提供了各类邮寄快递的服务,不同的服务有着不同的价格。用户通过该小程序可以很便捷地寄出快递,较传统的邮寄方式便捷了许多。

图 5-20 "白熊学院"小程序

图 5-21 "顺丰速运＋"小程序

5.4.3　广告营收

对于一些游戏类和资讯类小程序来说,通过接广告来实现变现是一种很不错的模式。小程序中常见的广告为贴片广告和弹窗广告,运营者可以在小程序页面的空白处设置广告位,招纳广告主来投放广告,从而实现广告营收。

例如图 5-22 是"王者找茬"小程序的页面,这是一个游戏类的小程序,从图中可以看到页面底部的广告,即为小程序的贴片广告。当点击图中"领取"按钮后,会弹出如图 5-23 所示的弹窗广告,用户在看完广告后可以获得一定的游戏奖励。

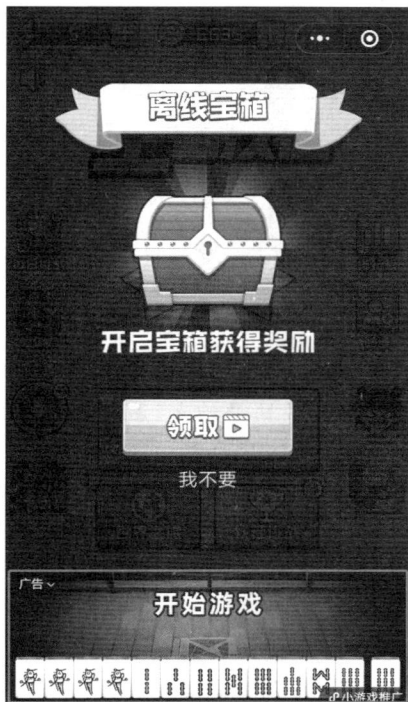

图 5-22　贴片广告

图 5-23　弹窗广告

5.5　本章小结

本章主要讲解了小程序运营的相关内容,通过本章的学习,读者应该了解小程序的上线过程及方法,了解小程序常见的变现模式,并重点掌握小程序推广的方法和技巧,以及小程序的用户维系方法的知识。

第 6 章

朋友圈运营

【学习目标】

知识目标	➢ 了解朋友圈的定义和特点 ➢ 了解朋友圈的营销思维及方式
技能目标	➢ 掌握运营朋友圈的准备工作流程 ➢ 掌握朋友圈内容制作的方法 ➢ 掌握朋友圈用户增长的方法

【本章导读】

使用过微信的读者都知道,微信有一个叫"朋友圈"的功能,可以展示自己的各种想法和观点。在生活中我们往往也会在朋友圈中看到各种打广告、卖商品的人,这些人一般被称为"微商"。事实上,通过朋友圈运营,运营者可以进行诸多的商业行为,为自己积累用户,最终实现盈利。在实际工作中,运营者首先要认识朋友圈,知道朋友圈的基础知识,然后要通过运营朋友圈的准备工作、朋友圈的内容制作、朋友圈的用户增长、朋友圈的营销这 4 个步骤运营好朋友圈。本章将通过这 5 个部分的内容为读者介绍运营朋友圈的方法和技巧。

6.1 认识朋友圈

大多数人都使用过朋友圈,但是对有些规则和功能可能并不了解。为了让大家更好地认识朋友圈,本节将从了解朋友圈和朋友圈的特点两个方面系统地对朋友圈进行讲解。

6.1.1 什么是朋友圈

朋友圈指的是微信上的一个社交功能,于 2012 年 4 月 19 日上线,用户可以通过朋友圈发表文字和图片,同时还可将其他软件的链接或者音乐分享到朋友圈。朋友圈的雏形最早可以追溯到谷歌的社交工具 Google＋,通过这一工具推出的"圈子"功能,用户可以将自己的好友分成若干个圈子,在发布内容时可以选择将内容推送到指定的圈子中,使得只有这个圈子中的好友才能看到该内容。

朋友圈比起 Google＋的圈子功能,有一些不同之处,例如在默认状态下用户发布的内容每一位微信好友都可以看到,但通过设置权限的方式可以使部分人看不到或者仅使一部分人可以看到。权限设置包括时间权限(如仅显示最近 1 个月或仅显示最近 3 天的朋友圈)、标签权限(如某些标签下的好友可见或不可见该条朋友圈)、个人权限(如该好友不可见自己的朋友圈)。此外,朋友圈还有以下的功能和规则。

- 相互是好友的用户可以在共同用户的朋友圈中看到对方所发的留言,互相不是好友的用户则看不到;
- 朋友圈可以发布文字、图片、视频、链接形式的内容,其中视频类内容仅可以发布15s 以内的视频;
- 发布朋友圈时可以同步分享自己所在的位置,如图 6-1 所示;
- 朋友圈发布的内容可以直接同步至 QQ空间;
- 当某个用户在一段时间内发送了过多的朋友圈内容后,该用户的朋友圈有可能会被"限流",即该用户的好友无法在朋友圈界面内看到该用户发布的部分朋友圈内容。

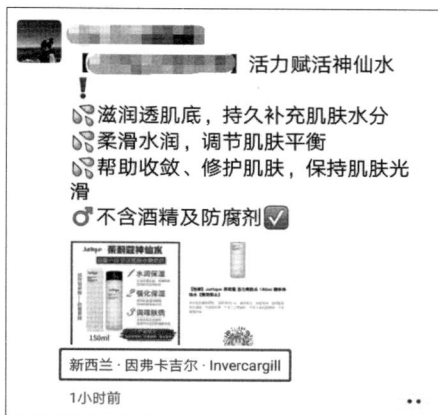

图 6-1　分享自己所在的位置

如图 6-2 所示为朋友圈在微信中的入口和朋友圈的界面。

图 6-2　朋友圈的入口和界面

6.1.2　朋友圈的特点

朋友圈之所以在如今的互联网上如此火爆,除了微信本身用户基数大的原因之外,还和以下 3 个特点有关。

1. 操作简单快捷

和 QQ 空间、新浪微博相似,微信朋友圈也有着极其简便的发布方法,只需要极少的操作步骤即可将编辑好的内容发布出去,其中在发布图片类内容时,由于微信在朋友圈上传图片的速度较新浪微博、QQ 空间更快,更加节约了用户发布朋友圈内容所需的时间。

正是由于操作简单快捷的发布方式,用户可以随时随地发布想要展示的内容,例如在旅行途中随手拍的照片,生活中遇到的小故事,突然看到的有趣事件等。

2. 隐私性更强

区别于新浪微博的内容所有人都可以看到,QQ 空间中陌生人也可以进入自己空间的情况,微信朋友圈具有更好的隐私性,在不做任何设置的情况下,陌生人只能看到用户朋友圈中最近的 10 张照片。

用户也可以很便捷地修改朋友圈权限,让陌生人看不到任何信息。也就是说,陌生人如果没有将目标用户添加为"微信好友",那么他就看不到任何该用户在朋友圈中的内容。

3. 浏览氛围舒适

朋友圈的展示方式是信息流,将内容通过时间倒序的方式进行展示,用户可以沿着时间线一直进行浏览,没有阅读数量限制,也不用进行任何翻页的操作,这使得用户的浏览十分顺畅,有较好的浏览氛围。

6.2　运营朋友圈的准备工作

如同公众号与小程序一样,朋友圈的运营也不是直接开始工作的,需要在运营之前做好各类的准备工作。通常来说,在运营朋友圈之前需要做好创建账号、设计运营思路、设置信息、策划栏目 4 项工作,本节将进行详细讲述。

6.2.1　创建账号

运营朋友圈的前提是有自己的朋友圈,因此就需要运营者注册微信号,并对该微信号进行"养号",避免在运营过程中被封号。下面通过注册账号和培养账号两个方面进行介绍。

1. 注册账号

要想注册一个微信号,就必须拥有一个可用的手机号码,因为每一个新注册的微信号都需要绑定一个手机号,且每个手机号只能绑定一个微信号。注册微信号的流程如图 6-3 所示。

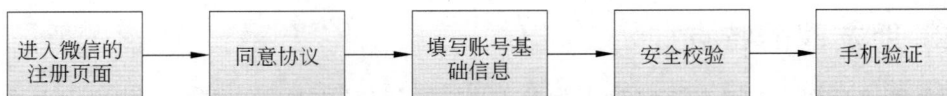

进入微信的注册页面 → 同意协议 → 填写账号基础信息 → 安全校验 → 手机验证

图 6-3　注册微信号的流程

下面简单介绍这 5 个步骤。

（1）进入微信的注册页面

未登录过微信的运营者直接打开微信点击"注册"按钮即可，"注册"按钮的位置如图 6-4 所示。

图 6-4　注册微信号的位置

（2）同意协议

点击"注册"按钮之后会显示一份注册账号相关的安全协议，运营者必须同意之后才能继续注册微信号，即点击页面中的"我已阅读并同意上述条款"按钮。

（3）填写账号基础信息

此处需要运营者填写用户的注册信息，包括昵称、手机号、密码、头像等，其中头像信息也可以在注册成功之后再设置。

（4）安全校验

此处运营者需要完成拼图验证，即将图片拉动并放到拼图的正确位置。部分情况下还需要好友验证，即由同时满足以下条件的微信用户扫描注册界面中的二维码，完成安全校验。

- 账号注册时间超过半年；
- 该账号已经开通微信支付；
- 该账号最近 1 个月没有帮其他人进行过注册辅助验证；
- 该账号最近 1 个月没有被封号。

（5）手机验证

此处运营者需要用正在注册的手机号向特定号码发送一条指定内容的短信，发送完之后等待验证。验证成功之后就会跳转到完成注册的界面，这时新的微信号也就注册完成了。

注册微信号本身难度并不大，不过有很多小细节需要注意，以提升微信号的安全性和耐用性,以防被限制或封号,需要注意的事项如下。

- 用新的手机来注册微信号,安全性会更高;
- 批量注册微信号时建议使用手机流量,而不建议使用 Wi-Fi;
- 绝对不能在同一时间段、同一地点批量注册微信号;
- 尽量不要使用分身、多开等第三方插件来注册微信号;
- 尽量不要使用同一批手机号来批量注册微信号;
- 注册完成微信号后一定要实名认证,即绑定银行卡;
- 注册微信的手机的通讯录中尽量有多个常用联系人。

2. 培养账号

微信号注册完成之后,需要经过培养账号阶段才能开始常规的运营工作。此处的培养账号指的是通过一系列的操作行为,使微信号规避开微信官方的"营销号检测",避免被判定为营销号(被判定为营销号后会受到诸多限制),从而为后续的运营带来不便,乃至被封号。如图 6-5 所示就是一个微信号因培养账号阶段有所失误,在运营阶段大量加好友导致微信官方标有提示"请注意核实对方身份,谨防诈骗",使用户可能会对该账号产生怀疑。

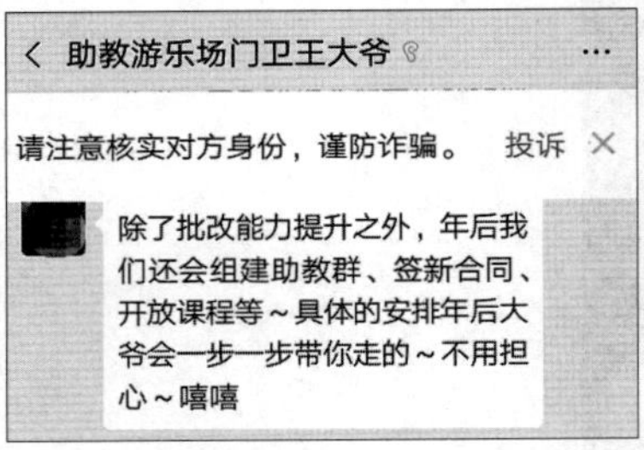

图 6-5　微信官方的安全提示

下面详细介绍培养账号的一些方法,通过这些方法可以提高微信官方判定该号是真人账号(非营销号或机器人号)的概率。

(1)关注微信公众号

关注一些微信公众号,一般在 10 个以上。

(2)加入微信群

加入一些微信群并在群内聊天,这个行为的权重非常高,是培养账号中必做的行为。

(3)使用微信钱包

使用微信钱包支付和收款,使该微信号产生一些资金的流动。

(4)添加好友

添加至少 3 个注册 3 年以上的微信账号,需要注意的是这个微信号每天主动加好友不能超过 25 人,被动加好友不能超过 250 人。

(5)进行聊天

在该微信中与好友聊天,尤其是聊天过程中多发视频和语音。

在培养账号阶段,运营者一般需要花费 1~3 个月进行各种培养账号的行为,完成培养的微信号在安全性上有着极高的保障,再进行批量加好友和群发消息时就不会出现官方提示或被封号的情况。

6.2.2　设计运营思路

在培养账号的同时,运营者还需要设计朋友圈的运营思路,构思出一套完整的运营模式,包括设计内容,设计人设,设计话术,设计"点赞"与"评论"等,下面对其中较为重要的设计内容和设计人设进行详细讲解。

1. 设计内容

设计内容即确定要在朋友圈发什么内容和什么时候发,这两个看似简单的问题,其实十分重要。如果内容选题不佳会无法引起用户的注意,发布排期不佳会导致用户无法看到,因此下面分别进行说明。

(1) 内容选题

朋友圈的内容选题需要划分为两个部分,一个是核心的业务型内容,另一个是辅助型内容。

① 业务型内容

业务型内容主要指的是与运营者所处行业密切相关,为了实现朋友圈运营目标而制作的内容,例如电商类运营者所发的商品介绍和展示,租房类运营者所发的房屋介绍等。这一类内容旨在使用户对自己的业务产生兴趣,或直接吸引用户进行消费。在设计此类内容时,运营者需要结合产品或业务的特点与目标用户需求,匹配对应的广告文案、宣传资料等内容。例如某个销售无人机的运营者,在向企业和机构销售无人机时,介绍了无人机的使用场景和功能,吸引用户前来咨询和购买,如图 6-6 所示。

② 辅助型内容

辅助型内容指的是辅助业务型内容推广的内容,主要为了支撑朋友圈人设和拉近与用户的关系,避免营销内容过多引发用户的反感。常见的辅助型内容包括自拍、转发新闻、发表观点、打招呼等,在设计此类内容时,运营者需要结合自己的行业和人设,一般辅助型内容在朋友圈中的占比在 50% 以上。例如图 6-7 所示为一个 SaaS 服务公司的商务人员通过该条朋友圈展示了自己的生活,降低了该微信号的营销性质,同时也暗示了自己已经开始上班,有合作意向的用户可以开始沟通洽谈。

图 6-6　关于无人机销售的内容

图 6-7　某 SaaS 服务公司商务人员的朋友圈

（2）发送排期

当运营者在有目的性地运营朋友圈时,朋友圈不能和平时一样随时发布内容,需要有一定的计划性,最好能列出时间计划表,然后按照时间计划表来发布内容。一般来说,朋友圈的发布计划不能排得太满,过于频繁地推送内容一方面会导致用户反感,另一方面会被微信官方限流。此外,运营者需要根据用户使用朋友圈的习惯,设计出业务型内容和辅助型内容的发布时间。如表 6-1 所示为某教育行业的运营者所做的朋友圈发布时间计划表。

表 6-1　朋友圈发布时间计划表

时间	周一	周二	周三	周四	周五	周六	周日
9:00-10:00	励志鸡汤/教育早报						
11:30-12:00	文章分享	图片分享	文章分享	活动预告	直播预告	直播知识分享	图片分享
14:00-15:00	生活日常		生活日常		生活日常		
17:00-19:00		生活日常		生活日常	直播预告	生活日常	
20:00-21:00	案例介绍	话题讨论	案例介绍	活动预告	直播中宣传	话题讨论	生活日常
21:00-21:30				群内活动	直播总结反馈		

由表 6-1 可见,该运营者每天早晨都会推送励志鸡汤或者早报,增加用户对他的好感度;通过文章分享、图片分享、案例介绍、活动及直播相关的内容来推广公司业务和吸引用户;通过话题讨论、生活日常的内容来稀释账号的营销内容占比,降低用户反感度。

2. 设计人设

人设全称是人物设定,通俗来说就是一个人的形象,这个词在娱乐圈被使用得较多,一般形容某个明星在舞台上或荧幕前表现出来的性格、喜好、举止等。在朋友圈中,人设也近乎于此,指运营者表现在用户面前的性格、喜好等。在实际工作中,大多数运营者采用的是将自己本身的性格特征作为微信号的人设,但也有不少运营者为了迎合用户,构建出了虚构的人设,下面介绍一些常见人设的性格特征,运营者如需要使用这些人设,则采用与之对应的内容进行发布和表达即可。

图 6-8　商业精英人设的朋友圈

（1）商业精英

商业精英的朋友圈往往会发布大量经济新闻、知名企业家言行、自己的商业经验、自己的工作现状等内容,在沟通中会表现出直白、高效、着眼利益等特点,一般商业精英人设用于金融、创投、商业培训、商业咨询等行业中。如图 6-8 所示为一个商业精英人设的微信号所发的朋友圈,展示了自己对于商业环境的思考。

（2）学习达人

学习达人的朋友圈往往会发布大量书籍介绍和推荐、学习体悟、学习经历、感谢老师等内容,在沟通中会表现出专业、乐于助人、理论术语较多等特点,一般学习达人人设用于教育、咨询、管理等行业中。

（3）社交达人

社交达人的朋友圈往往会发布大量合照、参加活动、聊天截图、社交故事等内容，在沟通中会表现出热情、积极、话多等特点，一般社交达人人设用于社交、社群等行业中。如图 6-9 所示为一个社交达人人设的微信号所发的朋友圈，展示了自己在某地参与了一次活动，并希望与更多的同行进行交流。

（4）文艺爱好者

文艺爱好者的朋友圈往往会发布大量文学作品、影视点评、歌舞视频、自创作品等内容，在沟通中会表现出知书达理、喜欢引经据典等特点，一般文艺爱好者人设用于文学、艺术、宗教等行业中。如图 6-10 所示为一个文艺爱好者人设的微信号所发的朋友圈，展示了自己所写的诗词。

图 6-9　社交达人人设的朋友圈

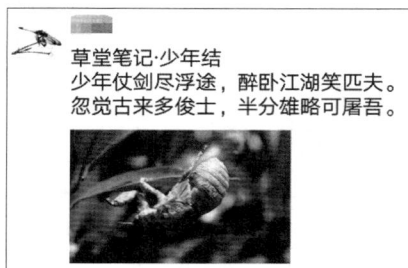

图 6-10　文艺爱好者人设的朋友圈

（5）宝妈奶爸

宝妈奶爸的朋友圈往往会发布大量孩子照片和趣事，也会分享一些育儿经验，在交流中偶尔会被孩子的事情打断，一般宝妈奶爸人设用于母婴、幼教等行业。

（6）旅游达人

旅游达人的朋友圈往往会发布大量旅游照片、旅游攻略、游记等内容，在沟通中没有明显特点，一般旅游达人人设用于旅行、代购等行业。如图 6-11 所示为一个旅游达人人设的微信号所发的朋友圈，展示了自己的旅行照片和旅行地址。

图 6-11　旅游达人人设的朋友圈

（7）精致小资

精致小资指的是对物质和精神的需求度高、追求生活品质的高品位人群，这个人设的朋友圈往往会有追星、美食、度假、哲学、高端商品等内容，有时会在沟通中夹杂大量英文单词，精致小资人设可以被使用的行业较多，主要集中在商业氛围较浓的行业中。如图 6-12 所示为一个精致小资人设的微信号所发的朋友圈，展示了自己在享用美食时候的思考，突出了自己的品位。

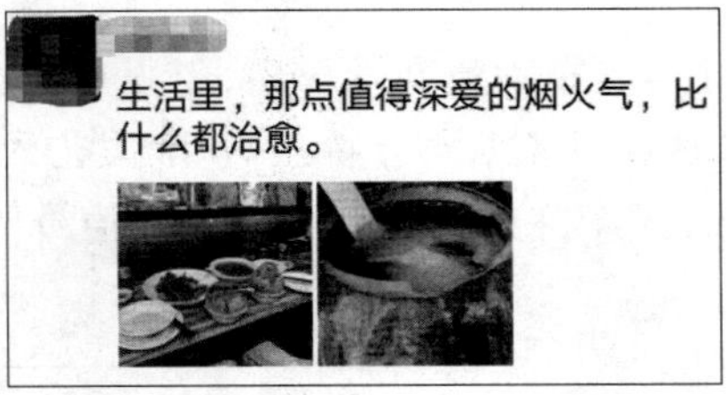

图 6-12　精致小资人设的朋友圈

6.2.3　设置信息

在设计完成运营思路后，运营者需要根据运营思路来设置微信号的基本信息，基本信息包括昵称、头像、个性签名、朋友圈背景等，下面逐一进行介绍。

1. 昵称

微信昵称就和人的名字一样，是一个微信号极为重要的识别标签，好的微信昵称可以让用户一下子就记住，坏的微信昵称则会引起用户的反感。在设置微信昵称时，可以使用自己的真实名字，也可以使用自己的绰号、英文名、笔名等，此外需要注意以下几点。

（1）高辨识度且便于记忆

建议采用高辨识度且便于记忆的昵称，方便用户记住，例如"每天发早报的隔壁老王"，"每天发早报"是一个容易让人产生记忆的行为，而"隔壁老王"是一个网红词语，大多数人都知道，作为昵称可以便于用户记忆。反面案例如 Elizabet（伊丽莎白），这个名字不仅十分常见，甚至有些人的微信中有好几个好友叫这个昵称。而且因为全是英语字母，英语不太好的人可能很难记住这个昵称。

（2）表达积极乐观的情绪

昵称最好含有积极乐观的情绪，而不能有太负面的情绪，负面的情绪可能会让用户觉得这个微信号的运营者是个脾气暴躁、能力不足的人，例如"努力工作的小王"比"抑郁颓废的小王"更受到用户的欢迎。

图 6-13　特意用 A 开头的昵称

（3）不建议特意用 A 开头

相信在每个人的微信中都有一些昵称用 A 开头的好友，例如图 6-13 所示。昵称带 A 的目的是为了让自己显示在好友通讯录最前排，但是由于被微商和营销号滥用，现在大多数用户对这类昵称特意用 A 开头的用户都比较

反感,因此运营者应尽量避免特意用 A 开头的昵称。

（4）不建议使用生僻字

有些微信用户喜欢在昵称中使用生僻字来突显自己的独特性或有文化内涵,但是在实际工作中,昵称中有大量生僻字会导致用户检索不到该微信号,从而使运营者错失商机。例如某电商公司的运营者有一个昵称叫"魑魅魍魉"的微信号,当用户想向该微信号询问商品价格时,因为这 4 个字都不认识,无法通过检索微信好友的功能找到该微信号,最终放弃购买该运营者的商品。

2. 头像

微信的头像如同一个品牌的 LOGO,是识别该微信号的重要依据之一,也能在一定程度上体现出该微信号运营者的性格与喜好。好的微信头像会增加用户的好感或信任度,在设置时,运营者可以采用以下几类图片作为微信头像。

（1）自拍照片

为了增加微信号的真实性,避免用户误认为该账号是一个营销号,运营者可以将自己的自拍照片作为微信头像。自拍照片一般由运营者手机中的各类美颜相机拍摄,要求照片美观大方。

（2）卡通形象

对于一些人设较为活泼的微信号,或者是和动漫、游戏等行业相关的微信号,可以考虑采用卡通形象作为头像。可爱有趣的卡通形象可以带给用户一种亲近的感觉。此外用户也可以通过头像直接了解到运营者喜欢哪个卡通形象,便于增加共同话题。

（3）美女照片

在一些男性从业者较多的行业,运营者可以考虑使用美女照片作为头像,利用用户喜欢美女的特点,增加沟通和销售的成功率。

（4）公司 LOGO

对于企业所属的微信号,运营者可以考虑使用公司 LOGO 作为微信头像,可以给用户一种官方人员的感觉,增加用户的信任,同时加深用户对公司的记忆。例如图 6-14 所示为微赞公司客服人员的微信头像,可以看到他们都选用了公司 LOGO 搭配不同底色作为头像,不但便于用户识别,而且有一定的品牌宣传效果。

（3）个性鲜明且非负面的图片

运营者也可以选用一些个性鲜明、不带有负面情绪或内容的图片作为微信头像,例如昵称是"王小象"的微信号可以使用小象的图片作为头像,如图 6-15 所示,可以增加识别度。

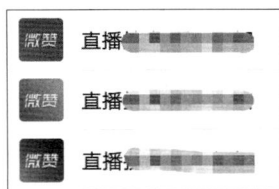

图 6-14　微赞公司客服人员的微信头像

图 6-15　"王小象"的小象头像

3.个性签名

微信号的个性签名近似于 QQ 的个性签名,差异是微信号的个性签名较为隐蔽,已添加为好友的用户需要进入对方微信号的个人界面,如图 6-16 所示,点击"更多信息"选项才能看到个性签名,如图 6-17 所示。未添加为微信好友的用户可以在添加好友的界面中看到个性签名,如图 6-18 所示。需要注意的是,添加好友时也可能因为对方未设置个性签名等原因看不到个性签名信息。

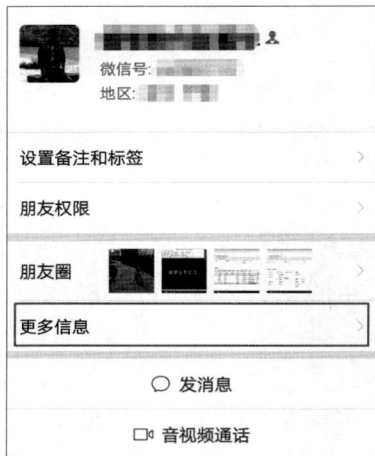

图 6-16　微信号的个人界面

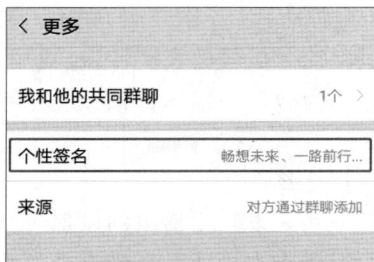

图 6-17　在"更多信息"内的个性签名

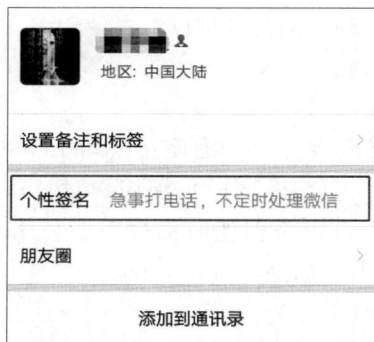

图 6-18　添加好友的界面

运营者可以自由设置个性签名的内容,不过在设计个性签名时,运营者需要注意不要出现太多的广告内容以及涉及个人隐私的内容。

4.朋友圈背景

朋友圈背景指的是朋友圈个人页面中头像以上的区域,如图 6-19 所示。朋友圈背景只会在用户进入好友朋友圈个人页面才显示,而用户一般只有在对目标好友朋友圈有兴趣的情况下才会进入该好友的朋友圈,因此朋友圈背景应该多注重展示运营者自己的相关信息或者对用户有价值的图片。

图 6-19　朋友圈背景

在设置朋友圈背景时,运营者可以采用以下内容作为背景图片。

（1）公司或产品相关图片

一些工作微信号、品宣微信号可以将公司或产品的宣传图、LOGO 图作为朋友圈背景,起到宣传的作用。

（2）纯文字图片

有部分运营者为了展示一些信息,采用纯色底色和文字组合成的图片作为朋友圈背景。例如一个微商协会的运营者的朋友圈背景文字为"加入协会立刻享有 8 折的会员采购价,有兴趣的朋友随时可以联系我",该运营者通过朋友圈背景宣传了自己协会,吸引好友加入。

（3）有个性的图片

运营者也可以采用一些有个性的图片作为朋友圈背景,突出自己的个性,便于好友记住自己,例如艺术照、风景照、自己的艺术作品等。如图 6-20 所示为一位摄影师的朋友圈,她将自己拍摄的照片作为自己朋友圈的背景图,能让好友快速了解到她擅长拍摄花草植物。

图 6-20　一位摄影师的朋友圈背景图

6.2.4　策划栏目

朋友圈作为一个展示自我的媒介,如同电视节目,一般也可以设计一些栏目。例如表 6-1 中的"励志鸡汤/教育早报"就是一个固定的栏目,每天定时在朋友圈发布早报或鸡汤内容。通过策划栏目运营者可以培养用户阅读指定内容的习惯,从而使用户对自己产生依赖。

在策划栏目时,运营者需要事先了解清楚用户的喜好,针对用户喜好来策划栏目,例如用户喜欢读书就可以策划"每日精选图书推荐"栏目。常见的固定栏目包括日报、问候、链接分享等,下面分别进行介绍。

1. 日报

日报指的是每天在朋友圈如同发布报纸一般发布一些新闻,例如某媒体的微信号,每天早晨 9 点会发布 10 个昨日的新闻,并加上一些自己的评论。在设计这类栏目时,运营者需要将每天发布日报的时间确定在一个用户会查看日报的时间点上,并保持每天日报的排版格式一致。

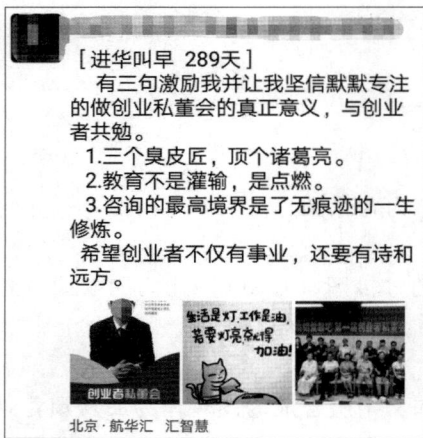

图 6-21　在朋友圈发的问候消息

2. 问候

问候指的是每天在朋友圈向用户打招呼,例如早安晚安等。在设计这类栏目时,运营者需要搭配一些鸡汤、经验分享或其他对用户有价值的内容,如图 6-21 所示的就是一个创业行业的运营者每天在朋友圈发的问候消息。

3. 链接分享

运营者也可以在朋友圈定时发布一些链接,包括文章、音乐、视频等链接形式。通过评论这些链接的内容,向用户表达自己的观点,从而使用户记住这个微信号。更可以使认同这些评论的用户,对这个微信号产生好感,从而便于运营者的后续运营工作。常见的链接分享栏目的内容包括新闻评论、知识分享、案例展示、每日推荐等。

在实际工作中,运营者需要结合自己产品属性与特点,策划对应的栏目。例如电商培训行业可以策划"每日最新电商资讯"栏目告知用户最近发生了什么新变化、新政策,促使他们前来学习。下面通过例 6-1 来补充讲解如何策划朋友圈栏目。

例 6-1　丸子策划朋友圈栏目的过程

丸子是一位销售 AI 营销机器人的商务人员,为了增加销量,她决定从自己的微信朋友圈下手,通过朋友圈营销增加销量。

首先丸子分析了自己的产品,AI 营销机器人是一款辅助商务人员进行营销推广的产品,可以帮助这些商务人员节约大量重复劳动的时间,增加营销的有效性、准确性。因此,在业务型内容上丸子计划宣传该产品可以帮助用户节约时间、提升营销成功率的价值。因为该产品的目标用户是各行业的商务人员,所以在辅助型内容中丸子计划分享一些营销案例。此外,为了拉近和用户的关系,并让用户降低对于营销的反感,丸子还计划增加新闻早报(因为商务人员在与客户交流时可能会需要一些新闻用于"套近乎")、生活日常的内容。

其中,宣传产品价值和生活日常两个内容如果定期、定时推送会给人一种十分刻意的感觉,不利于获得用户好感;而新闻早报需要每天推送,营销案例可以在任意时间推送,较为适合作为栏目。

接着丸子根据大多数商务人员的生活作息,将新闻早报和营销案例两个栏目进行了如下策划。

A. 新闻早报

为了让用户在早晨的空闲时间能看到该条朋友圈,丸子计划在 8 点整推送每天的新闻早报。在新闻的数量上,为了便于用户充分了解今日新闻而又不用花费太多的阅读时间,丸子决定每条新闻的字数控制在 20～30 字,这个字数相对较少且也足以将新闻内容表述清楚。为了控制朋友圈内容的篇幅,丸子决定每条朋友圈内容包含 6～10 条新闻,这一数量基本能覆盖每天发生的重要新闻。此外,丸子还计划在新闻早报中加入日期、标题和新闻配图等内容。

B. 营销案例

因为营销案例的内容相对较多,丸子把该栏目的时间定在了 21 点。而在内容的选择上,丸子关注了十余个营销知识分享类的公众号,每天从这些公众号中选取案例素材。此外,丸子所在的公司的公众号也会每周发一次使用该 AI 营销机器人的营销案例,丸子将其混在各类营销知识分享类图文中一起进行分享,增加用户对于 AI 营销机器人的记忆。在形式上丸子采用了"链接+分享理由"的形式,她自己会为每一篇链接搭配数十字的感想,吸引微信好友前来阅读。

6.3　朋友圈内容制作

在完成了朋友圈的准备工作后,运营者就可以开始内容制作工作,填充朋友圈,使用户在添加该微信号后有内容可看。微信朋友圈的内容主要包括文字、图片、视频、链接、音频、多样式组合等,本节将分别介绍文字、图片、视频、链接这 4 个最主要的内容类型的制作技巧与须知。

6.3.1　文字

文字指的是纯文本的朋友圈内容,在朋友圈页面中长按 📷 按钮即可编辑纯文本朋友圈内容,此按钮的位置如图 6-22 所示。

运营者在制作文字内容时,一般按照自己的需求和计划,通过"起因-经过-结果"的逻辑说清楚一个故事,或者通过"是什么-包含什么-有什么用"的逻辑介绍好一个物品。此外运营者还需要注意以下事项,以便制作出优质的文字内容。

图 6-22　长按该按钮即可编辑
纯文本朋友圈内容

1. 通顺流畅

文字内容在制作时，首先要注重通顺流畅，如果语言不通顺流畅，让用户无法理解或者理解错误，这条朋友圈内容非但不会带来宣传效果，还会造成很大的负面影响。因此运营者在制作完成文字内容后，需要仔细检查，及时修改错别字和不通顺部分。

2. 言简意赅

一些运营者在制作朋友圈文字时，会觉得内容越多越好。其实恰恰相反，用户的注意力是有限的，如果不能在尽量短的时间内使用户理解运营者想要表达的含义，会导致很多用户失去耐性而不读完这条朋友圈文字。因此朋友圈文字需要尽量言简意赅，突出关键部分，用尽量短的语言表达出自己想要表达的内容。

3. 巧用表情

在制作文字内容时，运营者可以通过添加一些表情，使内容更具有趣味性，降低用户因

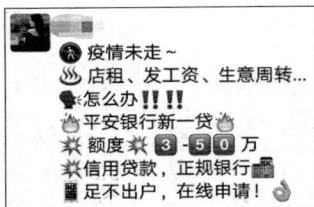

图 6-23   文字中添加表情

文字太多而产生的反感。在使用表情时，一般会在段落或句子的开头或结尾处添加，也有一些是将部分文字转化为表情。例如图 6-23 所示，在每个段落开头都有表情，还将数字改成了用表情展示。

4. 排版得当

除了内容本身，运营者还需要注重排版。排版不好会使用户的阅读体验较差，降低朋友圈内容的效果，一般来说，朋友圈文字排版会采用空行分段、段落短小等方法，使内容排版碎片化，便于用户阅读。例如图 6-24 是同一段文字的两种排

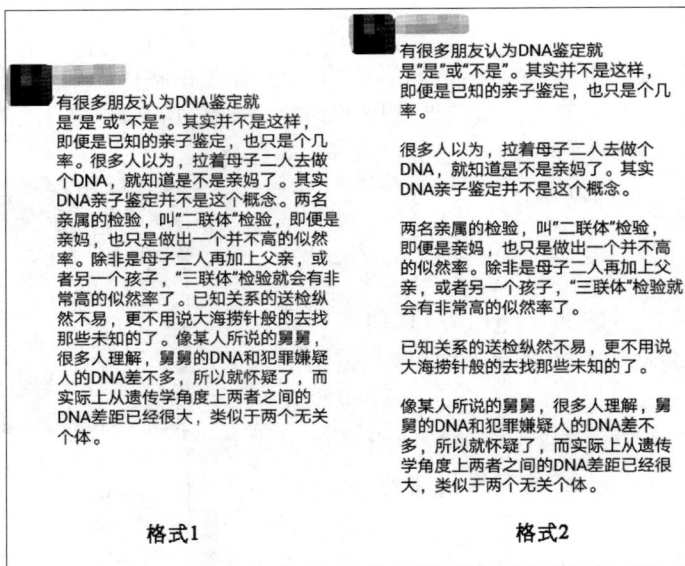

图 6-24   同一段文字的两种排版形式

版形式,格式 1 是未经任何排版的整段文章,阅读起来较费力,容易看串行;格式 2 是经过分段排版的文章,用了短段落和空行分段的方法,使用户每阅读一段话都可以获得短暂的休息,提升了用户的阅读体验。

📖朋友圈文字折叠

在发布文字内容的朋友圈时,如果内容是直接粘贴的,就可能会出现如图 6-25 所示的文字折叠情况,只显示一行文字,这会导致极差的宣传效果。

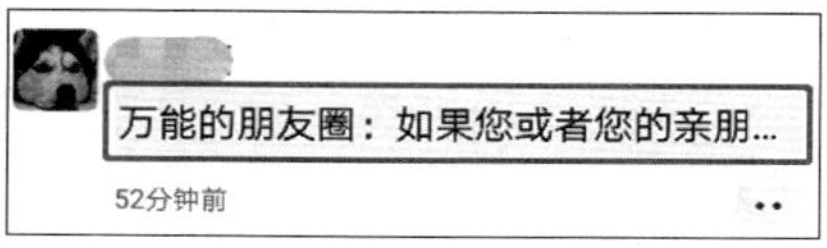

图 6-25　朋友圈文字折叠

为了避免这个问题,运营者可以将内容分多次进行复制粘贴,或者在粘贴完后对内容稍作调整。

6.3.2　图片

图片也是朋友圈内容中最常见的形式之一,通常会将图片和文字混合发布,也可以独立发布图片,此处讲解如何在朋友圈发送好单独的图片内容。在朋友圈界面,运营者只需单击 📷 按钮即可编辑朋友圈的图片内容,选择手机中的图片或者当场拍摄图片。在制作图片内容时,需要选用与自己发布内容的目的密切相关的内容,例如想销售产品就发产品相关的图片。此外,制作图片内容还有以下要点需要运营者知晓。

1. 图片数量

朋友圈图片内容最少发布 1 张图片,最多发布 9 张图片。为了美观,运营者在制作图片内容时通常会选择 1 张图片,3 张图片,4 张图片,6 张图片,9 张图片 5 种数量。如图 6-26 所示为这 5 种数量的展示样式,其中最常用的是 1 张图片和 9 张图片 2 种数量。

2. 图片组合

对于包含多张图片的内容,运营者可以采用图片组合的形式,增加图片的趣味性,如图 6-27 所示就是一个 9 张图片组合成的图片。在实际应用中,运营者也可以将中间的那张图片放上主要内容,其余 8 张图片指向中间那张图片,突出中间图片的重要性,吸引用户点击查看,如图 6-28 所示。

3. 风格统一

对于包含多张图片的内容,运营者需要将图片的风格进行统一,例如颜色的色系相同,画风(实拍风格、手绘风格、三维建模风格等)统一。画风不统一会给用户一种拼凑图片的感觉,可能会使用户觉得运营者不够专业。

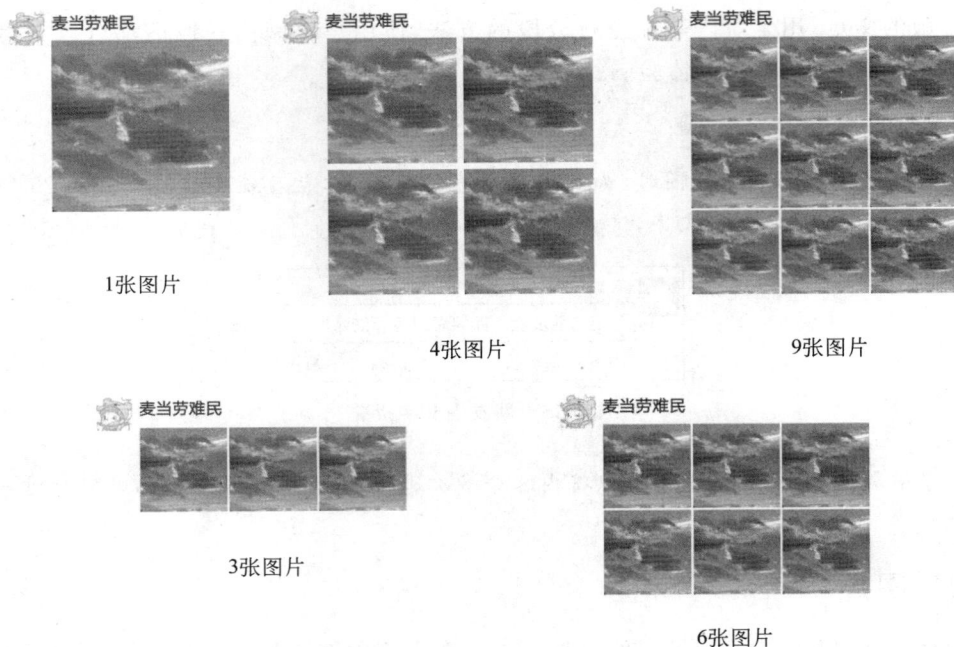

1张图片

4张图片

9张图片

3张图片

6张图片

图 6-26　不同图片数量的展示样式

图 6-27　组合图片

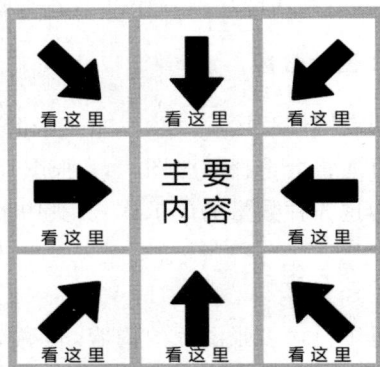

图 6-28　突出中间图片

4. 尽量不要发长图

有些商品或服务的宣传图是一张极其长的图片,这种图片如果直接发在朋友圈中,会显示为很细长的一个长方形,如图 6-29 所示。在缩略图状况下,用户完全无法看出该图的任何信息,这可能会使用户无法产生查看图片的兴趣,使宣传效果较差。对于这类长图,建议将图片做成链接,通过发布链接的形式发布该图片。

5. 切忌盗图

在制作图片内容时运营者还需要牢记,不能未经授权私自使用他人的照片、产品图等图片,这会给运营者带来违法违规的风险。如果需要使用这些图片,一定要经过图片所有者授权。

需要注意的是,由于微信的传输机制影响,占用空间较大的图片在发布至朋友圈后会被自动压缩,导致原本清晰的图片变成了模糊的图片。

图 6-29　长图的显示效果

6.3.3　视频

除了文字与图片,运营者还可以通过视频形式来展现内容。在朋友圈发送视频也是通过 ⬚ 按钮进入制作页面的,运营者可以自行选择现有的视频或者当场拍摄视频。朋友圈的规则是只能发布 15s 以内的视频,上传超出 15s 的视频时需要在上传页面中自行进行剪辑。如图 6-30 所示,通过调整底部画面轴上的白框区间来选择 15s 的视频内容。在制作视频时,运营者除了需要根据发布视频的目的来制作视频内容,还需要避免视频中有违法违规的内容,以防内容被微信官方查封。

图 6-30　选择视频内容

6.3.4　链接

链接也是在朋友圈中极为常见的一种内容形式,运营者可以通过链接发布网页、音乐、长篇文章、App 下载链接等,运营者在制作链接内容时需要将目标链接页面在微信中打开,点击右上角的 ··· 按钮,再点击"分享到朋友圈"按钮才能进入发布链接的编辑界面,如图 6-31 所示。

一般在制作链接内容时运营者会为链接搭配上文字,以文本的形式说明转发这条链接的理由,或者对这条链接的内容做出评论。

📖 **朋友圈的 H5 链接**

一些读者会在朋友圈看到一些动态的、可互动的链接,例如一些邀请函、小测试、音乐相册,这些生动有趣的链接被大众称为 H5 链接。H5 的全称是 HTML5,原意是指 HTML 的第 5 个版本,而 HTML 则是指描述网页的标准语言。在一些时候 H5 会成为移动端上网页的代名词,因此 H5 链接其实就是网页链接,如图 6-32 所示的二维码所示的就是一个 H5 链接。

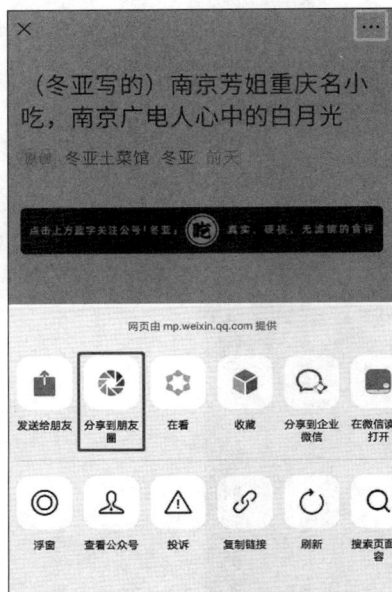

图 6-31　分享到朋友圈

图 6-32　H5 链接案例

朋友圈 H5 链接的主要作用如下。

* 通过有趣的内容促使用户主动分享。H5 可以承载各式各样的内容,形式远比公众号图文丰富。做得好的 H5 链接往往可以在朋友圈中快速传播,帮助运营者实现涨粉或宣传的目的。

* 增加宣传效力。H5 链接中的页面可以由运营者自行设计,其中可以加入不少广告、宣传类的内容,并可以链接到商品或服务的落地页,可以强化宣传效果和提高转化率。

- 增强用户的活跃度。运营者可以在 H5 链接中加入一些互动的内容,使用户在花费时间和精力后可以得到自己想要的内容,从而提升用户之后参与这类活动和内容的积极性、活跃度。

现在网络环境中,运营者已经不必亲自编撰代码制作 H5 链接了,有大量制作 H5 的第三方工具可供运营者选择,例如易企秀、IH5、人人秀等。这些平台都提供了海量的 H5 模板和插件,运营者可以自行选择想要的模板,编辑其中的内容,做出优质的 H5 链接。如图 6-33 所示为人人秀中制作 H5 的页面。

图 6-33　人人秀中制作 H5 的页面

在人人秀中,运营者可以从模板库中选择自己想要的 H5 类型,如一镜到底、测试、邀请函等。然后如同制作 PPT 一般将自己想要加入的图片、文字等内容放入页面中,还可以在页面中设计动画和互动。最终运营者将制作完成的 H5 保存后,人人秀平台会自动生成该H5 的网址链接,便于运营者转发使用。

6.4　朋友圈用户增长

朋友圈有了内容后,运营者就可以开始大量添加好友了,即朋友圈的用户增长。在进行用户增长工作时,运营者首先需要知道通过哪些渠道可以获得用户,接着需要了解增长用户的方法有哪些,因此本节将从用户来源和增长方法 2 个角度进行讲解。

6.4.1　用户来源

要想为微信号的朋友圈增加更多的用户,运营者首先需要知道自己可以从哪些渠道获取用户。在微信中,运营者需要通过各个渠道向目标用户发送好友申请,在对方通过申请后才能将对方变为自己的微信好友,使对方能看到自己的朋友圈。可以添加好友的渠道包括手机联系人、附近的人、摇一摇、微信群、好友申请等,下面逐一进行讲解。

1. 手机联系人

手机联系人是指微信通过检索手机中的通讯录，利用微信号与手机号绑定的特性，帮助运营者找到用户的渠道。通过这个渠道，运营者可以向自己手机通讯录中所有的人都发送好友申请，由于通讯录中的人往往和运营者联系密切，关系较好，申请通过率较高，且这些人较陌生人而言会更加支持运营者。因此通过手机联系人实现用户增长是一个很好用的方法，在绝大多数情况下都可以用来作为用户增长工作的主要手段。

2. 附近的人

附近的人指的是微信中"附近的人"功能，通过该功能运营者可以实现快速的用户增长。运营者在首次使用"附近的人"功能时，微信会自动定位运营者所在的位置，并提示确定运营者的位置信息。在运营者确认后，即可看到附近使用微信的用户的信息，自行选择用户发送消息，在实现交流后方可添加对方为好友，如图 6-34 所示。"附近的人"页面中显示的用户不是一成不变的，运营者在使用该功能时，当其地理位置不变则显示的用户不变，当其地理位置发生变化则显示的用户也会随之变化。这一渠道常用于有实体店或者经营本地市场的运营者，从事互联网虚拟产品的运营者不太会使用该渠道。

图 6-34　"附近的人"页面

3. 微信群

微信群指的是运营者加入一些微信群，通过添加其中群成员的方式实现用户增长，运营者可以通过手工添加或者使用 Wetool、进群宝等工具实现批量添加好友。这一渠道适用于运营者有较多微信群的情况。不过一些微信群中的管理员会禁止群成员批量添加其他群员的微信（该行为被称为"暴粉"），进行暴粉的群员往往会被群管理员移除，因此运营者在使用微信群这一渠道进行用户增长工作时需要谨慎选择微信群。

4.摇一摇

"摇一摇"是微信的一个功能,运营者通过摇手机或点击按钮触发摇一摇功能,可以匹配到同一时段触发该功能的用户,通过向对方发送消息,在双方实现交流后方可添加对方为好友。这一渠道曾经被用于各种商业领域,随着抱有营销目的使用"摇一摇"的用户占比越来越高,该渠道现在的使用效果较为一般,通常微商、社交、推销快消品等领域的运营者会使用该渠道。

5.好友申请

除了上述主动添加他人为好友的渠道,运营者也可以在微信"通讯录"中"新的朋友"页面中接受他人主动发出的好友申请,即在如图 6-35 所示的页面中点击"接受"按钮即可。运营者在接受好友的时候需要留意对方的身份,对陌生人需要有所警惕,避免添加一些对自己没有价值的机器人号或营销号。

这个渠道一般搭配各类推广活动使用,例如在某电商在宣传海报上写"扫码添加此微信可询问商品详情",在海报发出后可能会有大量的用户添加该微信,这时就需要运营者尽快同意申请,添加这些用户为微信好友。

6.其他

除了前面的 5 种渠道外,微信还有一些一般运营者不太会采用的用户增长渠道,下面进行简单的介绍。

（1）好友推荐

好友推荐指的是运营者的微信好友向运营者发送微信名片,使运营者添加该名片上的用户的渠道,例如图 6-36 所示,运营者点击图中的"个人名片",即可查看该用户的详情资料并向该用户发送好友申请。

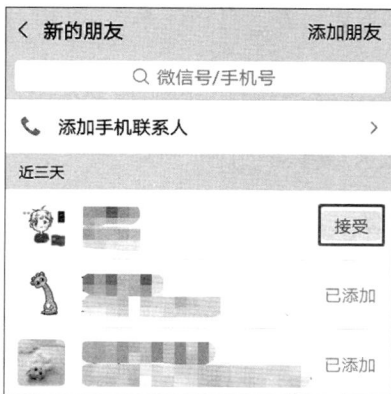

图 6-35　接受好友申请

图 6-36　微信个人名片

（2）微信号检索

微信中还可以通过检索目标用户的微信号或者手机号来实现添加对方为好友的目的。该方法常被微商采用,他们通过机器人批量检索随机的微信号,发出好友申请,不过申请通过率极低,微信号还有被封号的危险。

(3)主动扫码

运营者也可以通过扫描目标用户的微信二维码来实现添加对方为好友的目的。

在添加好友时,运营者还需要注意朋友圈的人数限制。一个微信号的好友数上限为5000人,满5000人后运营者将无法再添加任何用户成为好友,必须删除现有的好友以释放名额。在实际工作中,因为微信好友过多可能会导致只有部分好友看得到自己的朋友圈内容,运营者往往只添加3000~4000人为好友,然后新建微信号再添加超出部分的好友。

6.4.2 增长方法

在熟悉用户增长的渠道后,运营者就可以采用各种运营方法来通过这些渠道获得大量用户,朋友圈常见的用户增长方法包括利用活动、利用内容、利用社群、利用工具等,下面分别进行介绍。

1. 利用活动

利用活动是指采用活动的方式使用户通过各类渠道添加运营者为微信好友。在实际工作中,有很多形式的活动可以实现这一目的,例如送礼(包括折扣、返现、赠送物品等形式)活动、分享活动、点赞活动等,运营者可以根据行业的特点和用户的喜好,选择不同的活动形式,通过各种渠道使用户添加自己的微信号为好友。

运营者在设计这类活动时,首先需要考虑用户需要什么,然后以此作为回报,用户在添加微信号后才可获得。

2. 利用内容

利用内容是指通过在各种平台宣传各式各样的内容,并加以引导,使用户添加运营者为微信好友。常见的例如在知乎上回答问题,同时留下微信号,引导看到该条知乎答案的用户添加微信;再例如图6-37所示,在公众号图文的底部添加作者信息和联系方式,使对文章感兴趣的用户自行添加作者的微信。

图 6-37 公众号图文底部的作者信息

在制作这类内容时,运营者首先需要使内容与微信号有极高的相关度,例如内容是宣传了该微信号,或者内容是该微信号运营者制作的,只有在这个前提下对内容感兴趣的用户才会主动添加运营者的微信号。然后运营者需要将内容制作得吸引用户,即针对不同用户的特征与喜好进行制作,例如给微胖女生介绍怎么减肥,给大学生介绍如何不挂科等。

3. 利用社群

利用社群是指通过在微信社群中进行一定的行为,使得用户添加运营者为微信好友。在运营者是群管理员的群中,运营者可以通过发布群公告让群成员来添加微信号,或者运营者自行逐一向群成员发出好友申请。在运营者不是群管理员的群中,运营者可以通过发资料、常聊天、提问等方式,添加在群内作出回应的用户;也可以通过少量多次的方法,向群内成员发送好友申请,一般每次不超过 20 人,一天不超过 2 次。

4. 利用工具

利用工具是指通过工具使运营者自动添加一些用户为微信好友,即通过机器人检索微信号或者手机号添加用户微信号,这一类方法有较高的被封号的可能性,一般用于运营者拥有较多微信号且需要快速、大批量添加好友的情况,例如微商微信号扩充好友数。

在实际工作中,运营者往往需要混合使用多种增长方法来进行用户增长,下面通过例 6-2 来详细说明。

例 6-2　丸子的一次用户增长活动过程

为了使自己的微信号获取更多的好友,丸子决定进行一次送礼活动,使更多用户添加自己为好友。为了使新添加自己微信的用户也是商务人员,丸子将奖品设置为"50 个商务活动策划案＋AI 营销机器人一个月试用期",其中"50 个商务活动策划案"是自己平时收集得到的,"AI 营销机器人一个月试用期"是向公司申请的营销资源。

在传播方面,丸子准备通过微信群、朋友圈和微信好友 3 个渠道进行传播。

A. 微信群

丸子准备通过文字内容吸引群中的用户来添加自己为好友,因此制作了如下文案。

听说群里有一些商务小伙伴很愁各类商务活动策划,自己写的方案老是被领导批评不好用,找网上的又很不详细。因此我特意找了一些很牛的商务小伙伴,讨要了他们做得很成功的商务活动策划,包括会展活动、线下推销、促销合作等。有需求的小伙伴可以来加我微信领取,发我"领取礼包"即可。此外,前 20 个来领取礼包的小伙伴,我再额外送他一个月的××牌 AI 营销机器人体验券!

此外,丸子还配上了 50 个商务活动策划案文件夹的截图。

B. 朋友圈

为了避免自己原本的好友觉得自己偏心或不公正,丸子也决定在自己朋友圈发放礼包,文案内容如下。

各位亲朋好友,我这段时间整理出了一些很牛的商务小伙伴做的商务活动策划,包括会展活动、线下推销、促销合作等,有需求的小伙伴可以来加我微信领取,发我"领取礼包"即可。此外,好心帮我转发如下海报的小伙伴,我再送他我们公司 AI 营销机器人一个月的体验券!

然后丸子制作了一张用于宣传此次活动的海报,海报内容包括自己的微信二维码、50个商务活动策划案文件夹的截图、近似社群中所发的文案的宣传话术以及领取礼包和 AI 营销机器人体验券的方法。

C. 微信好友

丸子找了一些与自己关系较好的微信好友,请求他们把自己做的海报发到他们的朋友圈。

最终,通过这 3 个渠道,丸子添加到了四百多个好友。

6.5 朋友圈的营销

在朋友圈有了内容也有了用户后,运营者就可以开始做各类营销活动,使自己通过朋友圈实现营收。在进行朋友圈营销之前,运营者首先需要具备朋友圈的营销思维,了解在朋友圈营销中什么可以做什么不能做。然后再了解朋友圈营销有哪些方式,从而将这些方式与自己朋友圈的现状整合,做出合理的营销行为。本节将从营销思维和营销方式两个角度进行讲解。

6.5.1 营销思维

在开始做朋友圈营销之前,运营者首先需要了解在朋友圈中做营销,哪些事情很重要,哪些事情不能做和可能会有哪些情况发生,这些事项都属于营销思维的范畴,也就是说运营者在开展营销前必须了解营销思维。下面介绍一些朋友圈运营者必须具备的营销思维。

1. 重视口碑传播

在营销界,一直存在一个"250 定律",即每一个用户身后都会存在着 250 位亲朋好友,而这些亲朋好友都有可能成为新的用户。这个定律在朋友圈营销中依然适用,运营者如果可以得到一个用户的认可,使自己在该用户处有良好的口碑,那么该用户就很有可能在与别人聊天时推荐运营者的产品,从而使运营者有机会获得新的用户。

2. 关系不够密切不适合开始做营销

朋友圈销售与线下销售不同,不论运营者销售的是什么产品,运营者都需要在进行营销之前和进行营销时与用户保持密切的关系。只有运营者和用户之间有良好、密切的关系,用户才会信任运营者,愿意购买运营者的产品。

3. 长期营销才能有效果

在朋友圈进行的营销,运营者需要有进行"长期斗争"的心理准备。朋友圈营销很难一蹴而就,运营者想要用户产生购买行为,需要进行大量的铺垫,让用户对产品逐渐了解熟悉,并逐步相信该产品对自己有很高的价值,最终才能促使用户进行购买。

4. 向用户提供多种选择

运营者在进行朋友圈营销时,不能只给用户一种选择,这会使得用户一旦不满意该产品就会直接放弃购买。运营者应该向用户提供多种多样的商品,给用户一定的选择空间,使不太满意该产品的用户在选择的过程中会不经意地降低心理预期,挑选相对较好的产品进行购买。

5. 从用户角度思考

在进行朋友圈营销时,运营者需要站在用户的角度去思考用户为什么会对产品不满意,对产品有哪些不满意,更想要什么样的产品等。运营者只有这样才能贴近用户的真实想法,找到彼此的契合点,拉近自己和用户间的距离,最终成功将产品销售出去。

6. 适当展示用户反馈

朋友圈不适合自卖自夸的营销方式,因为朋友圈营销较为精准,自卖自夸式营销更适合于"广撒网"的营销环境。因此运营者应把重点放在用户身上,想办法说服用户。在种种说服用户的方法中,展示其他用户的夸赞与购买信息是朋友圈营销中一个极有效的方法,例如发布用户夸赞产品好用的聊天截图、用户大批量购买的截图等。

7. 营销要适度

朋友圈营销虽然需要尽可能多地使产品出现在用户眼前,使其"混脸熟",但是也不能过于频繁,否则可能会使用户产生反感情绪,从而拒绝购买运营者的产品,那对运营者来说就是得不偿失的。

6.5.2　营销方式

在熟悉营销思维后,运营者还需要实际掌握一些营销方式,才能将朋友圈营销工作真正开展起来。下面介绍体验式营销、活动式营销、自传播式营销这 3 种较为常见的营销方式,帮助运营者了解该如何做朋友圈营销。

1. 体验式营销

体验式营销指的是运营者给用户免费体验产品的机会,用户可以在体验过后再选择是否购买该产品的营销方式。该营销方式常用于容易发生高频次重复购买的情况,例如水果、婴儿纸尿裤、猫粮等,用户在体验过后认为产品不错,就会持续购买。运营者付出的体验品成本,会被后续的持续盈利补回。

在进行这类营销时,运营者需要将最好的产品作为体验品,根据产品的使用规则设定一定的体验周期(消耗品如食物则不需要设置),在体验到期后还可以为参与体验的用户提供一定的专属折扣,促使用户购买产品。

此外还有一种变相的体验式营销更加常见,即用户在购买产品后有一段时间的无条件退款机会,这一方式可以打消用户对网购的疑虑,使用户更加愿意购买该产品。

2. 活动式营销

在运营者进行朋友圈营销时,可以搭配一些活动,牢牢吸引用户的目光,扩大产品的影响力,使更多的用户前来购买产品,或使用户更愿意购买产品。这类形式的营销适合范围极广,几乎所有行业的运营者都可以根据自己的行业特性设计营销活动。

朋友圈营销中常见的活动包括分享集赞、折扣福利等。例如在朋友圈销售商品时,运营者可以发起一次活动,让用户将指定内容(一般是商品的宣传内容或者是用户购买商品的凭证)发送至自己的朋友圈,每有 10 位用户点赞,就可以减免 5 元。用户只要在指定时间内将朋友圈的截图发送给运营者即可。

3. 自传播式营销

自传播式营销也叫口碑式营销,指的是通过引导用户,使其自行将产品推荐给自己的亲朋好友,最终实现营销目的。这是朋友圈营销中最简单的营销方式,却也是成功率较高的方式,因为用户往往更愿意相信自己的亲朋好友。在进行这种形式的营销时,运营者需要通过优质的服务、无微不至的关照使用户对运营者有极高的好评度,然后运营者可以明示或暗示要求用户"帮助自己",促使用户将商品传播至其好友处,最终实现新的交易。

6.6　本章小结

本章内容主要讲解了朋友圈运营的相关内容,通过本章的学习,读者应该了解朋友圈的定义、特点和朋友圈的营销思维及方式,并重点掌握运营朋友圈的准备工作流程、朋友圈内容制作的方法和朋友圈用户增长的方法。

第 7 章

微 店 入 门

【学习目标】

知识目标	➢ 了解微店的特点 ➢ 了解适合开微店的人群类型 ➢ 了解微店的经营模式 ➢ 了解微店（口袋时尚）后台的界面模块
技能目标	➢ 掌握微店（口袋时尚）的注册方法

【本章导读】

随着微信的普及，各类围绕微信产生的插件、服务和第三方工具也越来越多。其中对于想要通过微信实现变现的运营者来说，价值最大的是微信电商店铺工具，简称微店。在运营微店之前，运营者首先需要掌握微店的定义、特点等信息，并了解如何注册微店和微店后台有哪些功能，这有助于运营者在运营微店时知其然且知其所以然。本章将通过微店概述、微店注册方法与微店后台介绍 3 个部分向读者介绍微店的基础知识。

7.1　微店概述

微店是一种基于移动互联网的互联网商店，具有门槛低、经营方式灵活等特点。通过微店，运营者可以实现在微信中进行专业的商品销售行为，许多微信运营者都开设了自己的微店，其中不乏通过微店取得很高收益的人。运营者想要开设自己的微店，首先需要做的是了解微店的基础知识，例如微店的特点、适合开微店的人群、微店的经营模式等，本节将对这些基础知识进行详细介绍。

7.1.1　微店特点

微店相较于普通网店（例如淘宝店）和实体店都具有不小的差异，下面将针对微店的特点进行详细讲解。

1. 投资门槛低

一项针对中国中小企业的调查显示，在线下开设实体店的成本超过 5 万元，而微店所需要的启动成本则非常少。这里的成本不仅指进货、雇佣人员等持续性开销，还包括了办理营业执照等费用，关于微店、淘宝店、实体店成本情况，运营者可以参考表 7-1。

表 7-1   微店、淘宝店、实体店成本情况表

成 本 明 细	微店	淘宝店	实 体 店
店铺租金	无	无	有,且地段好的店铺租金极高
店铺担保金	无	1000～100000 元	有,即"转让费"
招牌广告费	可无	可无	需要制作费用
店铺装潢费	可无	可无	需要物料费用
员工工资	可无	可无	大多数实体店都需要雇佣员工和支付工资
水、电等杂费	很少	很少	或多或少需要缴纳
进货及库存相关费用	少量	少量	相对较多,有些实体店需要预备非常庞大的资金

2．用户来源为熟人、粉丝群体

实体店和淘宝店的主要用户群体往往是陌生人(小型的、以熟人顾客为主的实体店除外)。实体店的用户主要来自店铺附近的居民,这些用户对于店铺运营者来说都是陌生人;淘宝店的用户几乎全部来自网络检索,店铺运营者更不会认识这些用户。而微店的用户往往来自于运营者身边的亲朋好友,或者是运营者自己的粉丝(例如将店铺植入微信公众号,进入店铺的绝大多数是关注该微信公众号的用户)。

3．运营规模较小

相比起实体店和淘宝店,大多数微店的规模极小,一般只有一个运营者,库存量和销量也都相对较低,很多微店都是采用"现买现卖"的模式,用户下了单才去供货商处取货,因此这些运营者资金流动较快,面临的风险也较小。

7.1.2   适合开微店的人群

并不是所有人都适合通过微店实现营收变现的,运营者在开设微店前首先需要了解自己适不适合开设微店,下面介绍哪些人群或机构适合开设微店及其原因。

1．电商企业或网店拥有者

对于电商企业或网店的拥有者来说,再新增和运营一个店铺不过是家常便饭。由于微店的开设成本极低,运营者往往只需要在建设完成微店后,将现有店铺的商品信息搬运至微店即可,物流、仓储等工作皆无须新增额外工作。此外,电商企业或网店的拥有者已经拥有了不少的电商经验,运营微店可以更加得心应手,成功率更高。

2．实体商店拥有者

拥有实体商店的运营者可以在微信中开设微店,以帮助自己拓宽销售渠道,进一步增加和用户的接触面。微店对于拥有实体商店的运营者来说比开淘宝店更加方便,也更加便于不熟悉互联网的运营者进行实践。

3. 拥有优质货源渠道者

众所周知，无论是互联网上开店还是线下开实体店，货源都是极其重要的一环，没有货源的运营者无法将微店运营下去。此外货源渠道要优质，劣质的货源渠道会给用户一种"他在卖假冒伪劣产品"的感觉，会使运营者的用户流失率极高，微店无法持续经营。

4. 自有商品者

自己持有商品的运营者，例如工厂，也很适合开设微店，因为凭自己就可以生产出商品，无须货源渠道。对于这一类运营者，在互联网不发达的年代常常困顿于商品无处销售，电商行业壮大后这些运营者可以通过网络将自己的商品销售出去，不受地理位置、经营规模、与经销商关系等因素影响。

7.1.3　微店的经营模式

根据运营者运营微店的时间占比，微店的经营模式可以分为全职运营微店和兼职运营微店，运营者需要结合自己的实际情况进行选择，下面对这两种模式进行介绍。

1. 全职运营微店

全职运营微店指的是运营者将全部的精力都投入到微店运营中，并将微店的营收作为自己收入的主要来源。

全职运营微店的运营者一般分为两种，一种是从运营伊始就决定了要全职做好微店，并全身心投入到这份工作中，有种"不成功便成仁"的想法；另一种是之前兼职运营微店，在微店具备较好的收益情况后再决定全职投入微店的运营中。

一开始就决定全职做微店的运营者往往是毕业学生、离职者、退休人群、个体户等无工作人员或者对原先工作不满意的人，在受到不用通勤、有挑战性、别人做得有声有色等影响下选择了全职。全职运营微店需要有很强大的意志力和耐心，大多数微店不可能刚建设完成就可以盈利，需要运营者花大量时间打磨和优化。

同时对于运营者来说，全职运营所耗费的精力很大，很多时候微店的工作不分日夜，周末与假期也没有休息，想要选择全职运营微店的运营者需要做好充足的心理准备。

2. 兼职运营微店

兼职运营微店指的是运营者将运营微店作为自己的副业，用在微店赚到的钱来提高自己的总收入。

兼职运营微店的运营者一般也分为两种，一种是尝试性的兼职，即对自己工作的现状不满，有打算转行至电商行业，但是又没有足够的信心，因此通过兼职运营微店来"试水"；另一种是自己对运营微店有一定兴趣或者需求，包括想通过运营微店打发空余时间，通过运营微店结交朋友，通过运营微店使自己学习到经商的一些方法等。

选择兼职运营微店的运营者一般是在校学生、在职员工等人群。兼职运营微店虽然相对压力比全职经营微店小一些，但是工作的繁忙度并不一定比全职的低。想要在微店上做出成绩的兼职运营者，往往会在工作时间上和主业工作冲突，需要运营者自行合理安排时间与精力。

7.2　微店注册方法

在运营者确定自己要参与运营微店的工作后,需要了解如何使自己拥有一个微店。想要拥有一个微店,运营者首先要了解网络上有哪些微店平台可以供自己选择,然后了解如何注册一个微店店铺,本节将对这两个部分进行讲解。

7.2.1　微店平台

在如今的网络上,有许多微店平台可供运营者选择,运营者需要根据自己的情况选择适合自己运营的微店平台,下面对常见的微店平台进行介绍。

1. 微店(口袋时尚)

这里的微店指的是由北京口袋时尚科技有限公司开发的微店平台,平台名字为"微店",后续简称为微店(口袋时尚)。微店(口袋时尚)于 2014 年上线,是当下最热门的移动端电商平台之一,运营者主要通过其 App 来实现店铺的管理。微店(口袋时尚)的 LOGO 如图 7-1所示。

微店(口袋时尚)之所以受到很多运营者的欢迎,是因为微店(口袋时尚)几乎可以说是"划时代性"地采用了用手机号开网店的模式,将电商的准入门槛拉到历史最低,商品的上架、编辑等功能也非常简单。微店(口袋时尚)具有多类型分销、品牌定制、渠道推广、近百种营销工具、多网站管理系统定制等功能。此外微店(口袋时尚)还具有免费使用、开店便捷、手机和电脑皆可操作、官方扶持优秀店铺等特点。门槛低、运营简单,让微店(口袋时尚)迅速累积用户、抢占市场,目前依然是店铺数量最多的微店平台。

无论是个人还是企业,都可以选择包容性较高的微店(口袋时尚)作为自己的微店平台,而本章后续的内容也将把微店(口袋时尚)作为微店的代表进行介绍。

2. 有赞微商城

有赞原名口袋通,是一家主要从事零售 SaaS 服务的企业,旗下包括有赞微商城、有赞零售、有赞美业、有赞小程序、有赞教育、有赞餐饮、有赞学院等板块。其中有赞微商城是有赞开发的商城系统,可以让运营者在其中开设自己的微店,帮助运营者快速搭建商城体系,并在网上进行卖货、分销、成交、管理客户等行为。如图 7-2 所示为有赞的 LOGO。

图 7-1　微店(口袋时尚)LOGO

图 7-2　有赞 LOGO

有赞微商城也是在微信体系中十分常见的微店平台,常常被用于在微信公众号中构建商城。有赞微商城具有页面模版组件、自定义付款方式、AI 客服、多种营销工具、多渠道分发、会员体系、积分体系、数据分析等功能。此外,有赞微商城还具有商城体系完整、分销体系强大、广告投放便利等特点。

有赞微商城较适合有一定规模的品牌商或者零售商选用,有充足电商经验的个人或组织也可以进行尝试。

3. 微信小店

微信小店是微信官方推出的电商服务,适合有微信公众号运营经验的运营者选用。运营者需要自行组织货源,自行负责运营、售后等工作。在微信小店中,运营者可以实现开店、商品上架、货架管理、用户管理等功能。微信小店的优势在于开设相对简单,不需要编写代码以及设计店铺装修等事项。

但微信小店的开设要求较高,运营者必须有已认证的服务号,并且已开通微信支付功能,才可以在微信平台申请开通微信小店功能。在微信小店,商家必须使用微信支付进行支付,不能使用支付宝、银行卡、信用卡等其他方式进行支付。一般拥有粉丝量较多的公众号运营者才会选择开设微信小店。

7.2.2　注册微店

在选择完成微店平台后,运营者需要注册自己选择的平台的账号,以微店(口袋时尚)为例,运营者在注册时需要做好注册准备、下载 App、注册店铺、进行认证与设置等步骤,下面逐一进行说明。

1. 注册准备

在注册之前,运营者需要进行以下准备工作。
- 准备好自己的手机号、身份证、微信号及银行卡;
- 设计好店铺名称及正方形的 LOGO 图片;
- 思考好自己准备使用个人名义还是企业名义开设店铺。

2. 下载 App

由于微店(口袋时尚)的运营工作主要通过手机 App 端进行,因此运营者首先需要下载微店(口袋时尚)的 App。运营者需要登录微店的官网,用手机扫描"我是卖家"区域的二维码,如图 7-3 所示,并下载"微店店长版"App。

图 7-3　扫描"我是卖家"区域的二维码

3．注册店铺

在下载完成"微店店长版"App 后，运营者需要打开 App 进行店铺注册，注册流程如图 7-4 所示。

图 7-4　注册流程

从图 7-4 中可以看出，店铺注册一共有 5 个步骤，具体介绍如下。

（1）同意协议

打开 App，运营者首先需要同意口袋时尚公司的《微店店长服务协议》和《微店平台隐私声明》两份协议，如图 7-5 所示。

（2）点击注册

同意协议后会进入登录界面，运营者需要点击"注册"按钮，如图 7-6 所示。

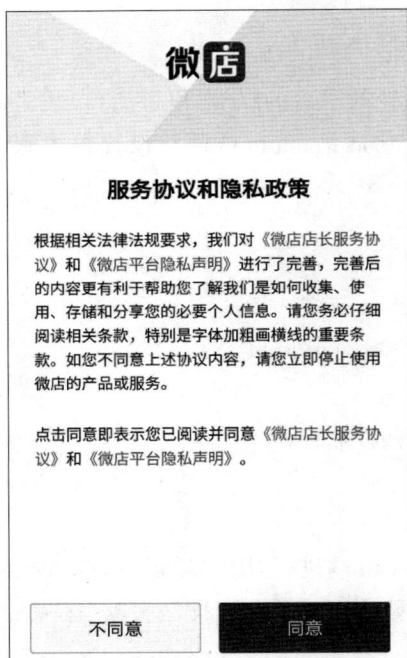

图 7-5　同意协议

图 7-6　点击"注册"按钮

（3）验证手机号

在此步骤运营者需要填写手机号，如图 7-7 所示。随后需要通过短信验证码验证自己的手机号。

（4）填写店铺名称及 LOGO

在此步骤中运营者需要填写自己设计好的店铺名称和上传自己设计好的店铺 LOGO 图片，如图 7-8 所示。

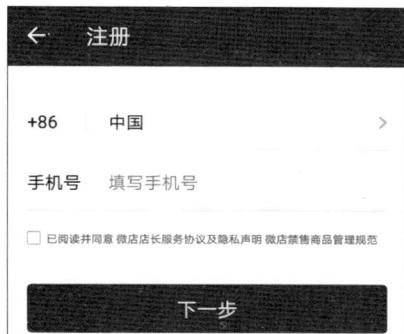

图 7-7 填写手机号

图 7-8 填写店铺名称及 LOGO

（5）选择经营模式

在此步骤中运营者需要选择线上自营、线下实体店、代理分销、品牌商、流量主 5 种经营模式中的 1 种，如图 7-9 所示。

在选择经营模式后，运营者就已经完成了微店的注册，页面会自动跳转至微店的后台页面，如图 7-10 所示。

图 7-9 选择经营模式

图 7-10 微店后台页面

4．进行认证与设置

为了能够正常使用微店，运营者还需要在 App 中进行一系列的认证与设置工作。点击如图 7-11 所示的齿轮状按钮即可进入设置页面，需要认证及设置的内容包括账号管理和店铺设置 2 项，下面分别进行介绍。

图 7-11　进入设置页面

（1）账号管理

在账号管理页面中，运营者需要点击"认证信息"按钮，进入如图 7-12 所示的界面，选择自己所想要认证的店铺主体进行认证。其中"小微商户"需要准备个人身份证；"个体工商户"需要准备营业执照和法人身份证；"企业/公司"也需要准备营业执照和法人身份证。然后按照不同选项内的要求，填写和上传资料。

图 7-12　认证信息界面

（2）店铺设置

在店铺设置页面中，运营者需要在"店铺资料"栏目中根据自身情况填写特殊行业认证和品牌资质认证项目（例如销售食品的运营者需要认证特殊行业认证中的"餐饮制售类食品认证"），如图 7-13 所示。

然后运营者需要在"店长资料"栏目中完成实名认证、证件认证、微博认证、公众号认证等内容，如图 7-14 所示。

图 7-13　店铺资料栏目

图 7-14　店长资料栏目

7.3　微店后台介绍

在注册完成微店后，运营者需要掌握微店后台都具备了哪些功能，才能正式开展运营工作。在微店店长版 App 中，分为了我的店、通讯录、团队、消息 4 个栏目，本节将分别对这 4 个栏目进行详细介绍。

7.3.1　我的店

我的店模块是运营者管理微店后台的主要区页面，其中包括导航区、概况展示区、应用区、新手开店任务区、拓展功能区 5 个板块，下面分别进行介绍。

1. 导航区

导航区显示在"我的店"页面的顶部，如图 7-15 所示，其中包括以下 4 个部分。

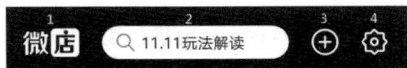
图 7-15　导航区

（1）1 位置

1 位置展示的是微店（口袋时尚）的 LOGO。

（2）2 位置

2 位置展示的是搜索栏，运营者可以使用它搜索自己想要了解的内容，同时在搜索页面还会展示"热门搜索"的内容，运营者可以在其中看到一些微店相关的新闻和运营相关的知识，如图 7-16 所示。

（3）3 位置

3 位置展示的是下拉列表框按钮，其中包括扫一扫、代下单、微信收款和收款码 4 个

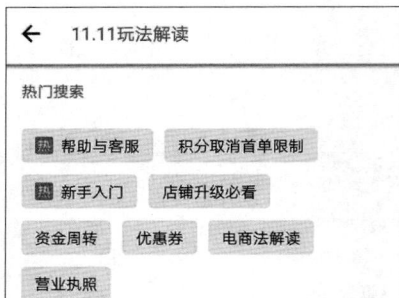

图 7-16　热门搜索

功能。

- 扫一扫：用于扫描二维码或条形码。
- 代下单：用于代替用户完成下单，即用户指定商品，由运营者帮用户进行挑选，当所有的商品都挑选完毕，运营者再将商品清单发送给用户，由用户进行付款。
- 微信收款：用于生成指定金额的微信收款二维码。
- 收款码：用于生成微店的收款二维码。

（4）4 位置

4 位置展示的是进入微店设置页面的按钮，设置页面除了账号管理、店铺管理和交易设置外，还有聊天设置、新消息通知、权限设置等，可以帮助运营者更好地使用微店 App 和管理店铺。

2．概况展示区

概况展示区显示了微店的名称、LOGO、店铺回头率、店铺收藏率、今日访客数、今日订单数和今日订单金额，运营者可以通过这些数据对店铺近期情况有一定了解。概况展示区还设有分享店铺的按钮，通过此按钮用户可以将店铺链接分享至微信中。

此外"微店推广"是官方推荐功能的显示区域，微店（口袋时尚）将想要让运营者使用的功能展示在此处，如图 7-17 所示。

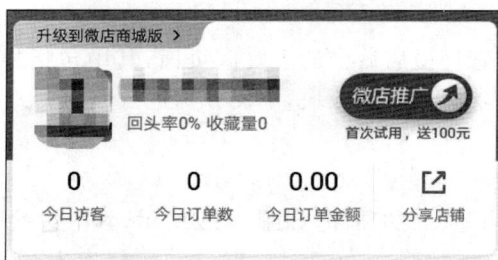

图 7-17　概况展示区

3．应用区

应用区是运营者管理店铺和进行电商运营的主要区域，微店（口袋时尚）向运营者提供的大多数核心功能都在此处。应用区在首页中的显示样式如图 7-18 所示。

运营者在选择"更多"选项后可以进入应用中心，应用中心包含了店铺运营、商品交易、客群维护、平台获客、分销代理、线下同城、营销玩法 7 个应用板块和 8 个锁定的应用（无法在首页移除），用户可以根据自己的需求选择不同板块中的应用，将其添加至首页的应用区，最多可以添加 11 个应用。下面对这些应用板块进行简单介绍。

（1）店铺运营

店铺运营包括以下应用。

图 7-18　应用区

① 微店商城版

微店商城版是微店的进阶版本,运营者须支付 3800 元/年进行开通。相较于基础版的微店,微店商城版增加了 H5 专享商城、VIP 顾问对接、付费会员卡、预售等功能,运营者可以在微店发展至较大规模时选择开通,丰富自己店铺的功能。

② 子账号

子账号是有团队的运营者用于为团队其他人开通自己店铺管理权限的应用,最多可以建立 10 个子账号。

③ 小程序

小程序是微店(口袋时尚)向运营者提供的"微店专享小程序",通过开通该应用,运营者可以为自己的微店创建一个独立的小程序,该小程序将会使用自己微店的名称和 LOGO,并可以将该小程序关联至自己微信公众号。

④ 店长笔记

店长笔记是微店(口袋时尚)向运营者提供的宣传内容编辑器,运营者可以在店长笔记中写下自己的商品宣传、商品测评、店铺故事等内容。此内容会在店铺中展示,运营者也可以将其转发至微信好友和微信群中,宣传店铺和商品。此外,优秀的笔记还有机会登上微店头条,展示在微店 App 中,吸引更多用户。

⑤ 搭建页面

搭建页面也叫"微店秀秀",是帮助运营者创建各类活动和提供营销页面模板的应用。

⑥ 多平台搬家

多平台搬家是由福建平潭无忧网络公司提供的将其他店铺商品快速复制至微店的应用,例如将淘宝店的商品信息一键同步至微店。

⑦ 社区

社区是不同微店运营者之间交流沟通的应用,运营者在其中可以进行学习课程、讨论话题、参与活动、发布帖子等行为。

⑧ 帮助与客服

帮助与客服是微店(口袋时尚)向运营者提供疑惑解答、使用帮助、提交反馈的应用。

(2) 商品交易

商品交易包括微店(口袋时尚)向运营者提供的到店自提、同城配送和顺丰快递这 3 种物流服务应用,以及微信收款和代下单应用(即同一个功能的不同入口)。运营者可以在其中管理自己商品的物流,获取微信收款码以及运营代下单业务。

(3)客群维护

客群维护包括了短信营销和会员权利2个应用,运营者可以通过短信营销应用向指定用户群发营销短信,也可以通过会员权利应用构建自己微店的会员体系。

(4)平台获客

平台获客是微店(口袋时尚)向运营者提供推广服务的应用板块,包括以下推广应用。

① 微客多

微客多是一个自动付费推广应用,运营者可以靠它获得更多的店铺访客。

② 智能推广

智能推广是一个帮助运营者优化推广费用开支的应用,微店(口袋时尚)官方可以通过该应用帮助运营者设置推广费用,让运营者花更少的钱获得更好的推广效果。

③ 报名活动

报名活动中展示了微店(口袋时尚)正在进行和将要进行的活动,通过参加不同活动,运营者可以获得流量扶持、店铺推广、开支减免等权益。

④ 商品推广

商品推广是一个将商品推广给更多用户的应用,通过该应用用户可以将不同商品推广给不同的用户,提高营销的精准性。

⑤ 关键词推广

关键词推广是一个关键词搜索广告应用,通过开通该应用,运营者的店铺将在指定的关键词微店搜索结果页、小程序搜索结果页中前排展示,从而提高自己店铺的曝光量。

⑥ 店铺推广

店铺推广是一个付费推广店铺的应用,运营者可以通过创建店铺推广计划,将店铺推广至微店买家 App 中进行展示,从而提高自己店铺的曝光量。

⑦ 好评上热搜

好评上热搜是一个仅限每年 10 月和 11 月使用的免费获得更多流量的应用,在一段时间内运营者的商品好评量在搜索结果中排名前 3 即可上热搜榜,可以提高自己店铺的曝光量。

⑧ 学习推广

学习推广是运营者学习如何更好地进行推广行为的应用。

(5)分销代理

分销代理是微店(口袋时尚)向运营者提供分销代理服务的应用板块,包括供销管理、分成推广、推广返佣和保险课推广4个应用,运营者可以通过这些应用,成为供应商或代理供应商的商品,实现分销这一商业行为。

(6)线下同城

线下同城是微店(口袋时尚)向运营者提供线下营销服务的应用板块,包括线下获客、收款码和同城活动3个应用,有线下实体店的运营者可以通过这些应用实现线上线下相结合,增加销量。

（7）营销玩法

营销玩法是微店（口袋时尚）为了便于运营者开展各类营销活动而推出的应用板块，包括限时折扣、优惠券、拼团、满减、秒杀、优惠套餐这 6 种营销活动，运营者可以根据自己的需求选择活动类型，丰富自己的营销手段，提升自己的营销竞争力。

此外，营销玩法中还有海报中心应用，也叫素材中心，提供了大量海报模板，帮助运营者制作用于宣传用的海报。

（8）锁定功能

8 个锁定的应用包括以下内容。

① 店铺管理

店铺管理是进行店铺常规运营的应用，其中包括店铺装修、店铺动态、预览店铺、推广店铺、分享店铺等功能，运营者可以在其中完成各类店铺本身的运营工作，店铺管理的页面如图 7-19 所示。

② 客户管理

客户管理是运营者查看用户数据和用户动态的应用，通过该应用，运营者可以查看客户总数、回头率、7 日客单价、潜在客户人数、成交客户等数据，并进行用户标签、店铺会员和客户群的创建与管理。

③ 商品管理

商品管理是运营者上传、管理商品的应用，此外，运营者还可以在此应用中挑选货源来进货。

图 7-19　店铺管理页面

④ 订单收入

订单收入是运营者查看订单情况与数据（包括待发货、待付款、已发货等数据与订单情况）和查看自己店铺经营数据（包括待结算金额、已提现金额等）的应用，此外，运营者也可以在此应用中完成绑定银行卡、进行贷款等与资金相关的行为。

⑤ 数据分析

数据分析是汇总各类店铺中数据的应用，运营者在该应用中可以查看店铺的访客人数与趋势、客户相关的转化流程数据、商品的相关数据等内容，从而提升自己对店铺运营情况的掌握程度，便于做出更加正确的发展决策。

⑥ 营销推广

营销推广是一个包含了各类营销与推广相关功能的应用，包括了打折、付费引流、优惠券、分销、线下营销等功能。运营者可以通过此应用进行各种各样的营销推广行为，帮助自己的店铺增加盈利。微店（口袋时尚）中营销功能的入口极多，此处即为其中之一。

⑦ 大咖带路

大咖带路是一个为运营者提供供应商的应用，其中展示了大量招聘代理和分销者的品牌与店铺，运营者可以自行选择适合自己的品牌或店铺，成为他们的代理或分销者。

⑧ 服务市场

服务市场是微店（口袋时尚）向用户展示和提供各类付费服务的应用，其中包括微店商城版、专享小程序、抖音引流宝、游戏引流宝等付费服务。运营者可以根据自身需要来选择服务,以实现运营计划。

4.新手开店任务区

新手开店任务区对刚注册完成微店的运营者来说起到了引导的作用,可以帮助运营者快速上手微店运营。新手开店任务区如图 7-20 所示,从图中可以看到,刚刚完成注册的运营者首先需要通过店铺认证,然后开始上架商品,接着对店铺进行装修。

5.拓展功能区

拓展功能区是微店(口袋时尚)向运营者提供的快捷使用常用功能的区域,其中包括获得新客、报名活动、我的推广、老客维系、我的资金、线下店 6 个板块,用户可以自行选择其中的板块添加至我的店页面。

其中一些板块和前面提到的"应用区"中的内容较为相似,但也有不小的差异,例如获得新客板块和之前提到平台获客板块并不相同,获得新客板块倾向于展示近期较为热门的获客渠道,而平台获客板块则罗列了全部的获客渠道。

下面分别对上述 6 个板块进行介绍。

(1)获得新客

获得新客是帮助运营者获取潜在客户的板块,如图 7-21 所示,运营者可以通过各类微店(口袋时尚)提供的引流渠道为自己获得更多的潜在客户。例如图 7-21 中的"拉新客"渠道,运营者可以通过付费购买用户流量的方式,提高店铺客流量及销量。

图 7-20　新手开店任务区

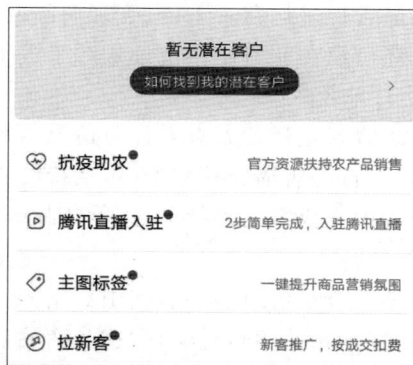

图 7-21　获得新客板块

(2)报名活动

报名活动板块展示了若干个微店(口袋时尚)近期向运营者开展的活动,例如招商活动、指定领域店主招募等。此外还有"活动中心"按钮,点击该按钮进入的页面同平台获客中的报名活动页面。

(3)我的推广

我的推广是简要展示店铺推广情况和展示部分现有推广渠道的板块,运营者在此可以清晰地看到自己的推广费用余额、今日推广的曝光量和今日推广的点击量数据,如图 7-22 所示。

（4）老客维系

老客维系在板块中显示为老客户维系，如图 7-23 所示，运营者可以在其中查看自己的店铺口碑和进行邀请回头客、短信群发等提升口碑的行为。

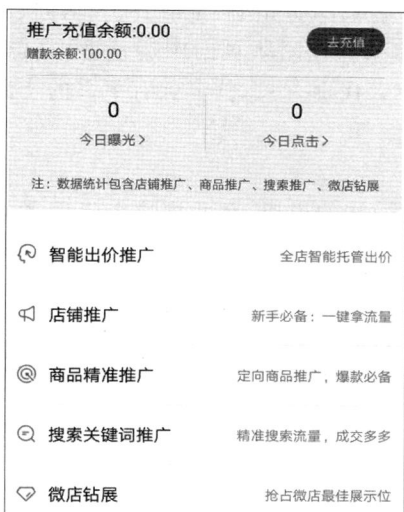

图 7-22　我的推广板块

图 7-23　老客维系板块

（5）我的资金

我的资金板块可以让运营者快速了解店铺现有资金、收支明细和可借贷款金额的信息，运营者也可以在此板块进入微店店主贷中进行贷款行为，如图 7-24 所示。

（6）线下店

线下店是有实体店的运营者快捷管理实体店铺线上业务与活动的板块，如图 7-25 所示。

图 7-24　我的资金板块

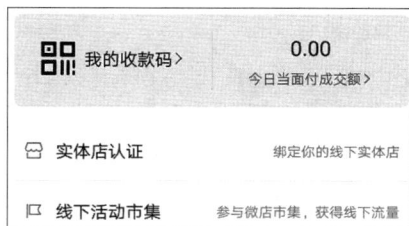

图 7-25　线下店板块

7.3.2　通讯录

通讯录模块是查看收到的团队邀请、团队信息概要、微店大咖榜、自己的分销商情况和自己的各类客户数量（包括潜在客户、新客户、回头客、会员等）的页面，此外，没有团队的运营者还可以在此界面创建团队。通讯录模块的页面如图 7-26 所示。

7.3.3　团队

团队模块是微店(口袋时尚)开发的供应商和分销商之间的销售管理工具,也是运营者创建、查看、管理和与团队成员沟通协作的页面,其中包括团队相册、货源、新人培训、工单等板块,帮助供应商和分销商构建起良好的分销管理体系。在团队页面中运营者可以查看到团队成员发布的商品,可以根据自身需要进行转发或者代理,使运营者拥有更多的货源。

7.3.4　消息

消息模块是运营者查看 App 内聊天消息和官方通知的模块,在此模块中运营者可以查看和回复其他运营者发来的消息,也可以查看到微店(口袋时尚)官方发来的通知消息,如图 7-27 所示。

图 7-26　通讯录模块

图 7-27　消息模块中的通知界面

7.4　本章小结

本章对微店的初阶知识进行了介绍,讲述了微店的基础知识(包括微店的特点、适合开微店的人群类型、微店的经营模式)、微店(口袋时尚)的注册和微店(口袋时尚)后台的相关知识。

通过本章的学习,读者应该掌握如何注册微店(口袋时尚)的店铺。

第 8 章
微 店 运 营

【学习目标】

知识目标	➤ 了解微店商品运营的知识
	➤ 了解微店售前与售后服务的知识
	➤ 了解微店常见的营销和推广方法
技能目标	➤ 掌握开微店的准备工作流程

【本章导读】

要想运营好微店,并实现盈利,仅仅对微店有基础的了解是不够的,运营者还需要深入了解微店的运营知识与技巧。在微店的运营工作中,运营者首先需要为微店的开张做一定的准备,然后对微店的商品与服务进行设计与管理,接着需要对微店进行营销及推广活动。因此本章将从开微店的准备工作、微店的商品运营、微店的服务设计、微店营销及推广 4 个方面来介绍运营微店的知识。

8.1 开微店的准备工作

在运营者注册完微店并完成认证设置后,微店的运营还不能算是步入正轨。运营者在微店开张之前需要进行一系列准备工作,其中较为重要的是选择商品和装修店铺,本节将对这 2 项工作进行介绍。

8.1.1 选择商品

开微店的目的是销售商品,所以商品可以说是一切微店运营工作的基础,因此运营者在进行准备工作时一定要谨慎选择自己要售卖的商品。在选择商品时,运营者应先了解哪些商品不适合在微店销售,为自己排除错误选项。然后运营者可以在热销的商品中选择自己要出售的商品,也可以根据自身情况找到适合自己的商品,下面就这 3 个部分进行讲解。

1. 不适合微店销售的商品

通常来说,只要是不违反国家法律和平台规则的商品(包括虚拟商品)都可以在微店中进行销售。但事实上由于微店的特性和功能性,很多商品并不适合在微店销售,例如大宗商品中的钢铁、煤炭等。通常来说,商品是否适合在微店中销售有以下几个决定性因素。

（1）商品的体积与重量

微店上销售的商品大多需要通过普通的物流渠道（邮寄、快递等）发送到买家手里，因此运营者在选择商品时，商品的体积是必须要考虑的。一般来说，体积过大的商品不适合在微店中销售，一方面不便于运输，另一方面运输成本也很高。邮寄家具对大多数运营者而言已经是极限了，更大的商品例如船只、卡车就不适合在微店销售。此外，一些易碎商品需要特殊的包装，往往会造成运输体积较大，运营者也需要多加注意。

同时，商品的体积往往和重量成正比，而快递运输计费时也会将重量计算在内，如果商品过于沉重，运费也会十分昂贵，需要运营者谨慎对待，不要销售过于沉重的商品。

（2）商品的价格

大多数微店销售的都是生活中常用的商品，也有部分微店会销售一些体积较小的奢侈品，但是几乎所有微店都不会销售特别昂贵的商品，因为用户在购买价格极其昂贵的商品时，往往想要现场确认商品的真实性后才会购买。例如价格昂贵的实木家具，购买者的商品一般都要亲自验过货后才会购买。

此外，利润过于低的商品也不太适合在微店销售，因为微店的商品一般都是包邮的，如果销售商品的利润还抵不上物流成本，那就没有必要去进行销售。

（3）大众的需求度

比起传统网店，微店的目标用户范围更小，实际用户数量也较少，因此目标用户需求的商品类型相应也会较少，一些大众需求度低的商品就不适合在微店中销售。

不过有一种情况例外，即运营者很明确某款大众需求度低的商品在目标用户中会有不错的销量。例如影视行业的 SDI 数据线，普通大众对此基本没有需求，但是如果运营者的目标用户是影视行业从业者，那就可以选择销售该商品。

（4）商品的风险性和安全性

一些例如仿真枪、大型刀具的商品在运输途中有较高的概率会被查处，一些易燃易爆的商品可能会对买家造成伤害，运营者在选择时需要充分考虑到这些商品可能存在的风险和安全问题，尽量避免不必要的麻烦。

2．了解微店热销的商品

在微店中，销售热销商品的卖家往往能借助风口赚到不少的钱，因此在选择商品时，运营者可以从热销商品中进行选择。目前，在微店中以下类型的商品较为热销。

（1）服装类商品

服装类商品在微店中是一个很受欢迎的商品类型，五彩缤纷的时装在给用户的生活带来美感和享受的同时，也能为运营者带来不菲的收入。服装类商品中较为常见的包括鞋类、女装、童装、户外运动服装等。

（2）3C 类商品

"3C 产品"是计算机类、通信类和消费类电子产品三者的统称，亦称为"信息家电"。例如电脑、平板电脑、手机或数字音频播放器等。曾经的微店市场中充斥着大量的 3C 类商品，如今虽然数量有所减少，但是销量还是较为可观的。

（3）生鲜类商品

生鲜类商品是近两年异军突起的商品类型，例如水果、蔬菜、鲜肉等。搭配高效的仓储体系和冷链运输,销售生鲜类商品的运营者最快可以在几个小时内就送达购买者手中,既能保证生鲜商品的新鲜程度,又能让用户足不出户就买到原本只能在菜市场或者大型超市中才能买到的生鲜商品,具有很强的竞争力与发展潜力。

（4）美容护肤品

女性用户向来消费能力较强且爱美,喜欢购买和使用各类美容美妆产品和护肤产品,因此这一类商品在微店市场中经久不衰,一直是较为热销的商品类型。而且很多女性在发现某个微店里的美容护肤品较为好用时,不但会持续进行购买,还会将该微店推荐给好友,劝导好友进行购买,因此经营这一类商品的微店数量极多。

（5）箱包类商品

箱包类商品也是微店中较为常见的商品类型,包括各类女士包、旅行箱、整理箱等,一般热销的是有品牌的或者款式新颖好看的箱包。

3. 寻找适合自己的商品

在选择商品时,运营者可以结合自身的条件,分析出适合自己经营的商品类型。在结合自身条件时,运营者一般需要从以下几个角度考虑。

（1）商品的来源

运营者首先需要考虑的是商品是否有稳定的来源,即想要销售的商品是否可以被稳定地供货。在确定供货源能向自己稳定地供货后,运营者还需要思考该供货源的商品是否价格优惠,和该供货源给出的商品质量是否合格等问题。

（2）自身的优势

运营者在选择商品时需要结合自身拥有的优势,常见的优势包括拥有某著名品牌的代销授权,在某商品的供货源处可以拿到特别低廉的价格,商品的质量特别高,商品的售后保障服务很完善等。通过结合这些自身优势,运营者可以选择出更适合自己销售的商品。

（3）用户的需求

在选择商品的时候运营者不能忽视自己目标用户的需求,例如目标用户主要是男性,那就不适合销售口红、眼影等美妆商品。

运营者在实际工作中,上述 3 个角度都需要有所顾忌,一旦其中一个角度无法匹配,那选择出来的商品销量可能就会不佳。

8.1.2　装修店铺

运营者想要让用户愿意在自己店铺中浏览商品,好的店铺装修必不可少。运营者要想做好微店的装修,需要从自己的商品类型出发,选择适宜的装修风格和色调,再寻找合适的装修模板并进行装修设置。下面将从选择装修风格、选择装修模板和进行装修设置 3 个部分进行讲解。

1. 选择装修风格

店铺装修风格往往会影响到用户对于店铺的第一印象,会增加或减少用户的购买欲望,进而影响店铺的销售业绩。店铺的装修风格一定要和店铺中销售的商品类型所契合,例如经营电子数码产品的微店,属于销售科技类商品,主要用户以成年男性为主,因此这类微店往往会选择与之相匹配的蓝色、黑色为主要色调,体现出店铺的科技感和潮流感,让用户感到该店的商品十分新潮,吸引用户购买商品。下面介绍一些常见的根据商品类型确定装修风格的案例。

（1）数码类

数码类的店铺一般会以蓝色或者黑色为主要色调,主打科技感、潮流感,着重突出产品的酷炫和美观,例如图 8-1 所示为某数码微店的主页,在图中可以看到该店主要用了蓝、黑两种颜色,在封面图上突出了科技感。

图 8-1　某数码微店主页　　　　扫码看彩图

（2）服装类

服装类商品的风格比较多样化,因为服装本身的类型很多,例如按照年龄可以分为婴儿装、童装、成年人装、老年装等;按照性别又分为男装和女装。一个经营服装类微店的运营者,往往会销售好几种服装类商品,这就要求运营者按照符合目标用户调性的色调与风格来装修店铺。如图 8-2 所示为某服装类微店的装修样式,该微店以年轻人服装为主,不适合采用深蓝、深紫等较为"老气"的色调,而是适合绿色、黄色、白色等活泼明快的颜色。

（3）珠宝饰品类

销售珠宝饰品类商品的微店装修,往往会突显高端、奢华、靓丽的风格。所以装修会采用金色、银白色、灰色等配色,花纹上有时会用到钻石、黄金制品等样式的元素,如图 8-3 所示为一个珠宝类店铺装修的模板,采用了灰色、黄色的渐变色底色和金色的文字及线框,并采用珠宝作为装饰,显得十分奢华。

（4）母婴类

母婴类微店往往会选用较为温馨可爱的风格,以浅色、奶黄色为主,图案上有时会有一些卡通形象。如图 8-4 所示的就是一个母婴类微店的装修风格,采用了粉红色的背景,加上了卡通插画,凸显了温馨可爱的风格。

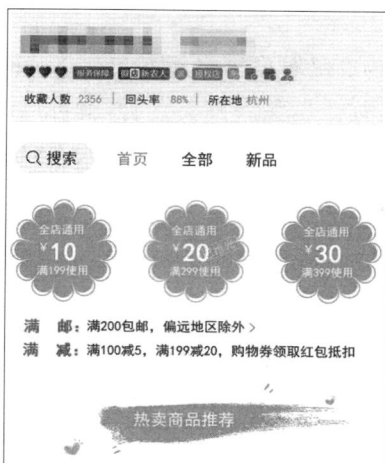

图 8-2　某服装类微店装修样式

扫码看彩图

图 8-3　珠宝类店铺装修模板

扫码看彩图

图 8-4　某母婴类微店装修风格

扫码看彩图

（5）食品类

食品类微店也和服装类微店一样,因为商品种类繁多而不能一概而论,需要运营者结合食物本身或者让人产生联想的风格进行装饰。例如海鲜类食物,就可以结合大多数人会联想到的大海的蓝色作为主色调;而火锅、烧烤类食物,就可以采用代表热辣的红色作为主色调。如图 8-5 所示为一个果蔬类食品的微店的装修风格,采用绿色作为主色调,给人一种新鲜健康的感觉。

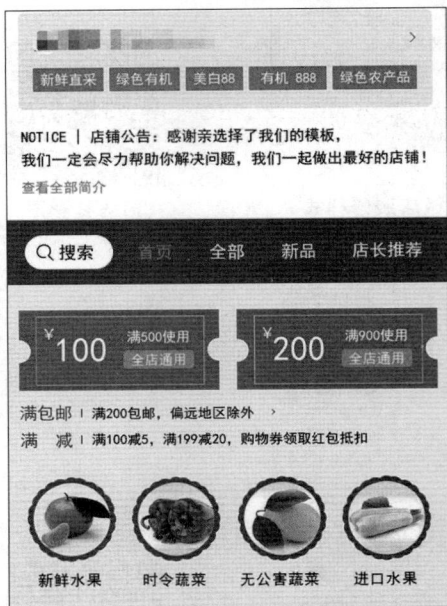

图 8-5　某果蔬类食品微店装修风格　　　　扫码看彩图

2. 选择装修模板

在微店(口袋时尚)的店长版 App 中,官方提供了各式各样的店铺装修模板可供运营者选择。打开"店铺管理"中的"装修市场"功能,可以看到各类装修模板,如图 8-6 所示。

在图 8-6 中,运营者可以从"主图标签"选项中快速找寻商品图片的装饰,如图 8-7 所示。也可以通过"找模板"选项自行按照所需内容寻找装修店铺需要的整体模板,在其中运营者可以根据装修风格(如简约、古典、时尚等)或行业类别(如美妆饰品、服装鞋包、百货食品等)的分类,找到自己想要的装修模板。

此外,运营者如果需要创建底部菜单栏,可以从"底部菜单"选项中开通底部菜单栏功能,底部菜单栏的介绍如图 8-8 所示。

选择完成装修模板后,运营者需要进行购买才能使用该模板。例如运营者选中了如图 8-9 所示的"绿植花卉文艺盆栽"模板,就需要点击图中"购买"按钮,并根据自己需要使用该模板的时长来选择支付费用。

图 8-6 "装修市场"页面

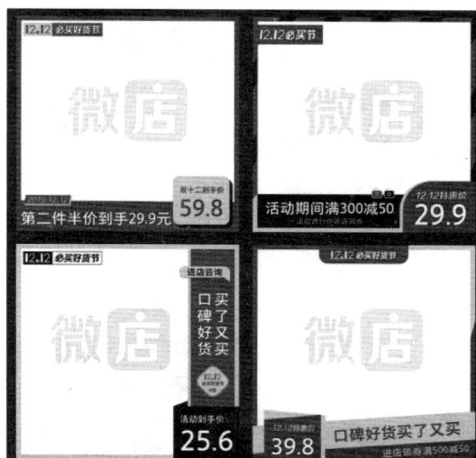

图 8-7 "主图标签"局部页面

图 8-8 "底部菜单"介绍

图 8-9 购买"绿植花卉文艺盆栽"模板

3．进行装修设置

在购买完成模板后，运营者需要进入"装修店铺"页面对店铺进行装修设置，如图 8-10 所示。

在该页面中，运营者可以点击"编辑"按钮来设置不同板块的内容，如商品、文字、图片等；点击"删除"按钮来删去不需要的板块；点击"上移"按钮可以给不同板块进行排序；点击"插入"按钮可以增加商品、导航、广告、文字、营销组建等板块，如图 8-11 所示。

通常来说，微店装修中会植入并设置以下板块。

（1）封面图板块

微店页面顶部往往会设置一个封面图，内容可以是店铺最近上新的商品、最近推出的活动或店铺的宣传图等，让用户第一眼就能看到，便于引导用户参与活动或进行购买。

（2）导航板块

通过图片导航或者文字导航来展示店铺商品的

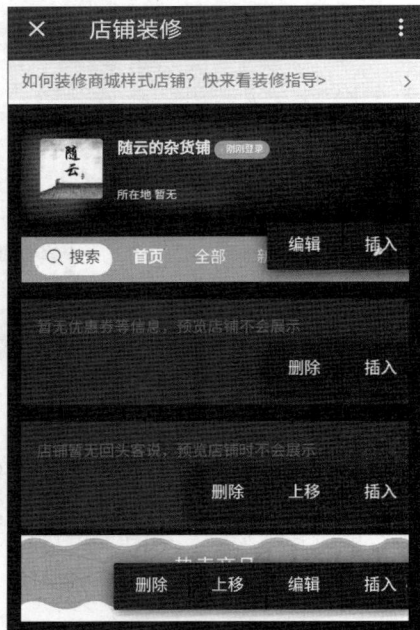

图 8-10 "装修店铺"页面

主要分类，方便买家按分类查找商品，一般导航项数量在 4～10 个，单个导航项的文字不超过 4 个字。

（3）商品板块

展示商品的板块一般是微店中篇幅最大的,形式包括列表式排列、大图式排列等,如图 8-12 所示展示了各种商品的排列方式。

图 8-11　"插入模块"功能

图 8-12　不同商品排列方式

8.2　微店的商品运营

微店的准备工作就绪后,运营者就需要开始向微店上传商品,并对商品进行运营,使店铺可以实现正常经营。其中,运营者需要了解如何设计商品的标题、描述、价格等内容,可以使用户更加青睐这些商品;也需要了解如何上传和管理商品。本节将从设计商品标题、设计商品描述、发布与管理商品 3 个部分来介绍商品运营的相关工作。

8.2.1　设计商品标题

大部分微店的用户都是通过检索功能来查找自己想要购买的商品,而在检索功能中检索的往往就是商品的标题,微店平台通过对标题关键词的筛选,将最符合用户检索内容的结果呈现出来。因此,设计一个好的商品标题,可以提高商品被检索到的概率,能很大程度上提高商品的曝光量与销售量。在设计标题的时候,运营者需要了解商品标题的构成和设计标题的技巧 2 个部分,下面分别进行介绍。

1. 商品标题的构成

一般来说,微店中商品的标题由以下几个部分构成。

（1）名称词

名称词是标题中最重要的部分，即商品的名称。名称词也被叫作中心词，是提升标题搜索权重的关键部分。名称词的作用在于让用户了解这是一款什么商品，例如 A 品牌销售的是第 3 代厨房剪刀，那名称词就是"剪刀"。

（2）属性词

属性词是商品相关的一些词语，例如品牌、版本、款式、重量、适用场景等，可以提升商品搜索的精准度。例如 A 品牌销售的第 3 代厨房剪刀，那属性词就是"A 牌""第 3 代""厨房"。属性词往往以并列的形式展现在标题的后半段。

（3）特色词

商品标题中往往还会使用一些能体现出商品特色的词语，吸引用户前来购买。特色词包括了店铺活动、商品评价、商品特征等内容，例如前面提到的 A 品牌销售的第 3 代厨房剪刀，特色词就可以采用"买 2 送 1""神级剪刀""好评无数"等特色词。

运营者在设计商品标题时，一般需要先总结出 1～2 个名称词，然后罗列出商品相关的属性词，最后添加特色词。需要注意的是，标题的字数一般不超过 20 个字，太长的标题不仅没法完整地显示，还会造成标题内信息混乱。

2. 设计标题的技巧

在设计微店商品标题时，运营者有很多技巧可以使用，运营者可以根据自身情况进行选择。常见的技巧如下。

（1）巧用明星效应

追星的人群往往会选择购买明星也在使用或者明星代言的商品，因此运营者如果在标题中加入"××明星同款""××明星代言"的内容，会起到不错的转化效果。

（2）用空格代替标点

用户在检索商品时几乎不会添加标点符号，因此在标题中添加标点会导致干扰搜索结果的情况。而空格是默认分隔关键词的符号，恰当使用空格也可以完成标点符号的作用，因此运营者在设计标题时应用空格来取代标点。需要注意的是，空格也不是越多越好，过多的空格会占用字数，也会造成关键词不连续。

（3）将特色或优惠内容写在前面

在标题中，运营者可以将商品最具有特色的内容，或者商品本身的优惠写在标题的最前方，例如"24 小时发货""包邮""亲测有效""买 2 送 1"等，都是适合写在标题前方的内容。

此外，运营者在设计标题时需要注意不能使用敏感词、违规词、广告法不允许的词（例如最、第一等），下面通过例 8-1 来补充说明如何设计商品标题。

例 8-1　颂雅女装设计商品标题

颂雅女装是一家经营各类女性服装的公司，某天新进货了一种羊毛衫，需要公司微店运营者小刘上传到微店中。在上传商品的过程中，小刘需要为商品设计标题。

首先小刘询问了负责进货的同事，确定商品名为羊绒针织衫，并把它定位成产品名称词。同时小刘获取到了该商品的详细属性，包括圆领、长袖、收腰设计、厚度较薄等。其中圆领可以分出圆领、套头这两种常见的属性词；收腰设计可以归纳为修身；厚度较薄可以归纳为薄款。最终小刘选用了这些属性词：圆领、套头、长袖、修身、薄款。

在特色词方面，小刘从以下角度进行了思考。

- 这一款式的羊毛衫是新设计出来的，因此可以写为"2020 新款"；
- 在商品优惠方面，该商品对用户包邮，因此选择关键词"包邮"；
- 因为服装较薄，较为适合春秋季穿着，为了增加吸引力，使用关键词"春秋季女性必备"。

最终小刘设计出的标题为"【春秋季女性必备】(包邮)2020 新款羊绒针织衫薄款圆领套头长袖修身"。

8.2.2　设计商品描述

被标题吸引而进入商品详情页，这是用户购买商品的第一步，而第二步就是浏览详情页中的商品描述。因此，运营者想要说服用户购买商品，就一定需要设计好详情页商品的描述，从而对用户产生较大的吸引力。在设计商品描述时，运营者需要从商品信息和商品服务两个角度进行设计，下面进行详细介绍。

1. 商品信息

在微店中，绝大多数的商品信息都会通过图片的形式进行呈现。包括商品的展示图片、商品的介绍、商品的相关证书、商品的参数、商品的生产过程等。运营者需要根据商品的不同情况，选择不同类型的文字和图片组合成完整的商品信息。常见的商品信息如下。

（1）商品的展示图片

商品的展示图片是指商品的实拍照片，一般商品描述中会有 3～9 张商品的实拍照片（虚拟商品除外），其中往往包括不同角度的纯底色照片、场景中的照片等，如图 8-13 所示为某蒸锅的场景中照片。

（2）商品介绍

商品介绍指的是对商品属性、特质、性能等内容的介绍，常见的形式是"图片＋文字说明"，如图 8-14 所示。

图 8-13　场景中照片

图 8-14　常见的介绍图片形式

商品介绍中,运营者需要特别注意的是商品局部的展示和介绍。运营者通过商品局部的展示和介绍可以向用户展示商品的特色及优点,说服用户进行购买。例如图 8-15 是一把剪刀局部刀口的介绍。

（3）商品的相关证书

部分视频类、电子类、珠宝类等商品会有相应的资质证书或者商品鉴定证书,运营者在介绍类似的商品时,需要将证书图片也加入商品描述中,例如图 8-16 是某除螨仪的效果检测报告图。

图 8-15　剪刀局部刀口介绍

图 8-16　效果检测报告图

（4）商品的参数

在一些较为复杂的商品描述中,运营者需要将商品的各类参数(尺寸、容量等)结合实际产品图进行展示,例如图 8-17 所示为一款平板支架的尺寸参数图。

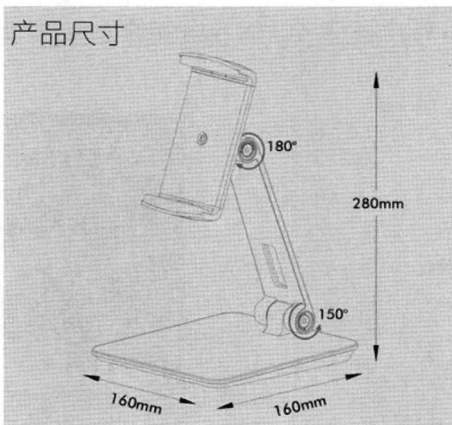

图 8-17　尺寸参数图

（5）商品的生产过程

对于一些食品、药品等对卫生需求较高或对商品品质要求较高的商品,运营者可以适当加入商品生产过程、商品原产地、商品加工原料等内容,如图 8-18 所示为某品牌的面包原料图。

图 8-18　面包原料图

2. 商品服务

在商品描述中,运营者除了要说清楚商品的信息外,还需要说明商品配套了哪些服务,例如是否包邮、是否有赠品、是否保修等。大多数运营者在设计商品服务描述时,往往会将内容放置在商品图片描述之后。

8.2.3　发布与管理商品

在设计完成商品的标题和描述后,运营者就需要开始在微店店长版 App 中上传商品,后续还需要对商品进行管理和处理用户的订单,下面从发布商品、管理商品和处理订单 3 个部分进行介绍。

1. 发布商品

发布商品也叫上传商品,指的是用户将商品上传至微店后台并上架,具体的操作步骤如下。

STEP 01　进入微店店长版 App,在"我的店"界面进入"商品管理"模块,并点击"添加商品"按钮,如图 8-19 所示。

STEP 02　填写商品的各类信息,包括商品图片、商品标题、商品类型、商品类目(商品

图 8-19　进入"商品管理"页面中选择"添加商品"

的分类，例如男装、鞋子、蔬菜等）、商品价格、商品库存量、商品详情、商品配送方式等，如图 8-20所示为其中部分填写项。

图 8-20　部分商品信息填写项

STEP 03　设置商品是否为私密商品，私密商品指的是在店铺中不会展示，只能通过运营者私发链接给用户时用户才能购买的商品类型。

STEP 04　点击"上架出售"按钮即可发布商品,也可以点击"放入仓库"按钮,使商品处于下架状态,便于进行修改,如图 8-21 所示。

图 8-21　"上架出售"和"放入仓库"按钮

此外,运营者还可以通过微店店长版 App 中"多平台搬家"应用来一键导入现有电商店铺(例如淘宝店、京东店等)中的商品。

2.管理商品

管理商品主要指的是对单个商品进行分类和管理。

(1)管理

在商品管理中运营者可以浏览商品详情页的预览效果和查看到商品的数据情况,也可以将商品进行推广或分享,还可以设置商品的上架与下架。

(2)分类

运营商品较多的运营者可以通过设置商品分类来归纳商品,常见的分类方法包括按上架时间、商品类目和供货源进行分类。在创建分类时,运营者只需要在"分类管理"页面中点击"新建分类"按钮,然后设置分类名称即可完成创建。"分类管理"按钮的设置如图 8-22所示。

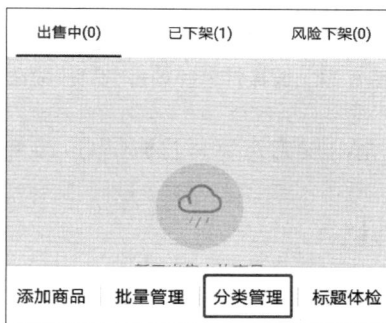

图 8-22　"分类管理"按钮

3.处理订单

当用户下单购买商品后,运营者需要进入微店后台处理该订单。处理订单的常见流程如图 8-23 所示。

图 8-23　处理订单的常见流程

其中,进入后台和查看订单在第 7 章后台介绍中已经讲述过,此处不再赘述;而等待用户确认收货和自动完成订单无须运营者操作,只需要等待用户在微店中确认商品已经收到,然后系统会自动完成该笔订单。

设置发货需要运营者自行操作,方法是进入微店店长版 App 后台中的“订单收入”模块,然后选择订单并点击“发货”按钮,如图 8-24 所示。

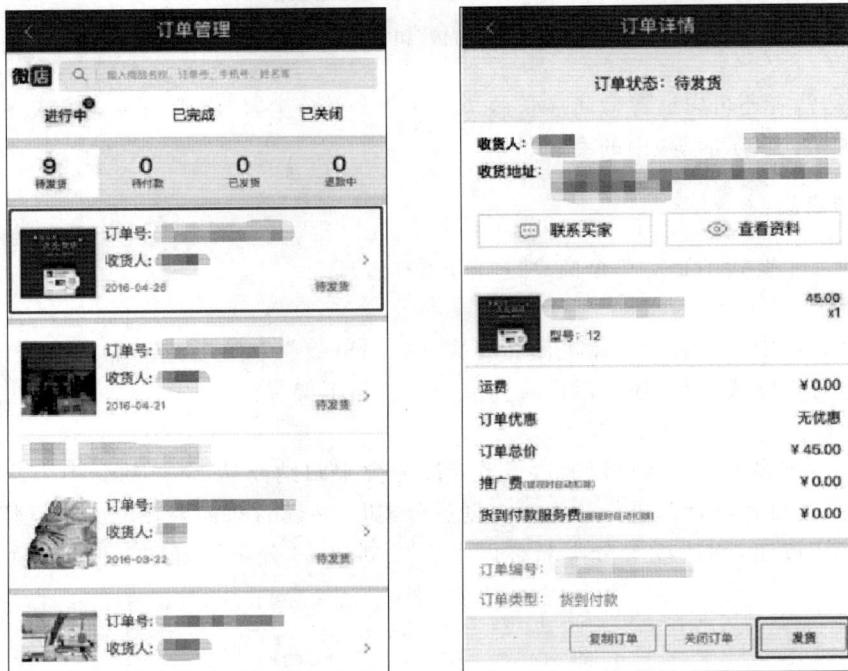

图 8-24　选择订单并点击“发货”按钮

然后运营者需要根据物流情况设置与填写物流信息,即可完成发货设置。

8.3　微店的服务设计

运营者除了在商品管理上要精耕细作之外,还需要通过配套的服务来提升用户的购物体验。好的购物体验可以让用户变成“回头客”,经常进行消费,从而提高运营者的收益。在微店中,服务可以分为售前服务和售后服务,本节将进行详细讲述。

8.3.1　售前服务

售前服务是指用户在购买商品前运营者所提供的服务,用户在网络上购买商品,由于无法直接观察和接触商品,无法获得直观的感受,往往会犹豫是否要购买该商品。此时运营者就需要进行一系列的售前服务,向用户提供更加详细的商品信息和推销内容,以打消用户的顾虑,促使用户购买商品。微店运营中常见的售前服务包括介绍商品、打消用户顾虑和针对性推销,下面逐一进行介绍。

2.介绍商品

一些浏览商品介绍不仔细的用户,有时候会看错商品的介绍或者漏看一些信息,以至于对商品产生错误的理解。因此运营者在与询问商品信息的用户沟通时,需要不厌其烦地向用户介绍商品的特点与购买注意事项。

在介绍商品之前,运营者首先需要对商品有足够的了解,要清楚地掌握商品的优劣势、使用方法、注意事项等信息。运营者一般可以从以下渠道获取到商品信息。

- 通过询问供应商,可以了解商品的详细参数、品质信息、使用须知等信息;
- 通过对比同行销售的相同商品,可以分析出自己商品的优劣势;
- 通过亲自使用、体验商品,可以对商品的功效、舒适度等信息有直观的感受。

此外,运营者在介绍商品时不能只介绍优点而不介绍缺点,这会导致用户因不了解商品缺点而购买了不适合自己的商品,从而使这些用户给予商品差评。例如运营者销售直接装在水龙头上的净水装置,只突出介绍了净水能力,却没有介绍该装置只适配部分型号的水龙头。大量购买该商品的用户在收到货后,会发现自己根本无法使用该净水装置,就会对商品给予差评,使得其他用户看到后可能会不再愿意购买该商品。

2.打消用户顾虑

通过微店购买商品时,用户无法现场确认商品,在急于需要商品时也不知道物流是否能将商品及时送达。因此在售前服务中,运营者需要打消用户的种种顾虑,促使用户下单购买商品。其中,运营者最需要打消的是用户对于商品质量的顾虑和对于商品物流的顾虑。

（1）对于商品质量的顾虑

因为无法在购买前试用商品,所以用户容易对商品的质量存在顾虑,怕买到劣质产品。因此运营者一方面需要向用户展示商品质检证书、商品试用视频、商品材质成分等能证明商品质量的信息。另一方面也可以用"7 天无理由退换""假一赔十"等保证来免除用户对商品品质的担忧。

（2）对于商品物流的顾虑

对于急需商品的用户来说,商品能不能在最短时间内送达是他们十分在意的事情。这种情况中用户往往会主动联系运营者,给出自己的时限要求,这时候运营者就需要告知用户自己可以立刻发货,或者可以通过空运邮寄商品的方式来使商品在时限内送达,打消用户的顾虑。

此外对于一些购买易碎品、精密器械等类型商品的用户来说,物流过程中的商品是否会损坏是他们十分在意的事情,运营者可以通过推荐用户购买运输保险,介绍自己稳妥的包装方法等手段让用户消除顾虑。

3.针对性推销

不同的用户会有不同的需求,也有不同的购买商品的缘由,因此如果运营者可以了解到不同用户的实际情况,并做出针对性的推销,就能使成交量大幅提高。下面介绍一些针对常见类型用户的推销方法。

（1）警惕型用户

警惕型用户往往对商品和运营者的信任度较低，对商品的介绍会抱有怀疑的态度。针对这一类用户运营者需要摆出足够的证据，例如用户好评、商品测评视频等，来证明商品是优质的，是值得购买的。

（2）随缘型用户

随缘型用户的购买行为往往全凭"心血来潮"，较为容易被运营者说服。因此针对这一类用户运营者可以在沟通中了解到用户的喜好，然后结合用户喜好多介绍一些商品，这样可能使这些用户产生大量的购买行为。

（3）犹豫型用户

犹豫型用户往往在运营者介绍完商品后仍旧犹豫不决，迟迟不能做出购买的决定。针对这一类用户，运营者需要极具耐心地反复介绍商品的特征，并在介绍过程中做到多角度、有理有据。

（4）精打细算型用户

精打细算型用户的特点在于想花更少的钱而获得更大的收益，经常会砍价、要求赠品和要求折扣。针对这一类用户，运营者有 2 种方法可以应对，方法 1 是表示已经给足了优惠，只有购买更多的商品才能获得更低的价格；方法 2 是答应用户的要求，然后提出要给予商品好评或者帮助店铺宣传的要求。

（5）执着型用户

执着型用户往往在购买前就有了目标，进入店铺后唯一要做的就是购买目标商品。针对这一类用户，运营者的过度推销行为很可能会起到反作用，让该用户不再复购，因此当这一类用户向运营者咨询时，运营者回复的内容需要简明扼要，适当推荐一两款功能互补的其他商品。

（6）挑剔型用户

挑剔型用户往往很注重商品的性价比，经常会对商品进行各种比对和分析，批评商品的缺点，甚至有些人会恶意贬低商品。针对这一类用户，运营者不能赌气，更不能与用户恶语相向，应该耐心倾听用户的抱怨与挑剔，提出一些较为恰当的解决方案供用户选择。当运营者说服挑剔型用户购买商品后，这些用户往往会成为店铺的忠实粉丝。

8.3.2 售后服务

售后服务指的是商品送达用户后，运营者对于用户所提供的服务。售后服务不佳会导致用户对该商品乃至对该店铺失去好感，不再进行购买。在实际工作中，微店的售后服务主要包括主动沟通、处理退换货、处理投诉和建立老客户群 4 项，下面分别进行介绍。

1. 主动沟通

主动沟通是指完成商品销售后运营者一定要主动地与购买者进行沟通，其中最有必要做的是通知已发货、主动回访和邀请评价。

（1）通知已发货

用户在付完款后，往往会处于一种焦急等待商品到货的情绪中，这时候运营者如果能及时通知用户商品物流信息，可以让用户了解到自己商品的物流情况，也体现出了运营者的专业度。

一般通知可以短信、微信等渠道发送,内容可以参考如下模板。

您好:

感谢您购买了本店的××宝贝(××型号),该宝贝已经在××时间发货,运单号是××
××,大约在×日后送达,请注意查收。

如果有任何问题都可以和我联系,我的微信号是×××,电话号码是×××。

感谢您的购买,期待您下次惠顾!

店家:×××

日期:×××

(2)主动回访

在用户收到购买的商品后,运营者应该主动对用户进行回访,询问商品的使用情况、用户满意度和不满意之处。通过这些沟通,运营者可以及时掌握商品的不足之处,也可以让用户感受到关怀,提升用户的购物体验,增加用户满意度。

(3)邀请评价

针对没有进行商品评价的用户,运营者可以主动联系用户,邀请用户对商品进行评价,以期望用户给商品进行好评反馈,从而提高商品的好评数。

2. 处理退换货

大多数微店的运营者都会极为看重商品的质量,不会故意销售有瑕疵或者质量不佳的商品。不过在实际经营中,用户还是会因为物流太慢、实物与图片不符、个人不喜欢等原因要求退换货。

对于物流太慢、实物与图片不符等非用户过失导致的退货要求,运营者首先要向用户表示道歉,然后积极主动告知用户如何退换货,并可以适当给予用户一些补偿。对于用户个人不喜欢、用户自己买错了等用户过失导致的退货要求,运营者可以与用户进行协商,再决定是否允许退换货。

3. 处理投诉

任何运营者都不可能让所有用户都满意,发生投诉和打差评可以说是必然事件,面对这些事情,运营者可以按照以下方法或思路来处理。

(1)保持良好的心态

大多数用户的投诉和差评往往会因为愤怒而使用一些不友好的语句。此时运营者需要保持良好的心态,不能被用户激怒,而是需要一如既往地服务用户和给用户介绍商品,过程中需要做到热情周到、以礼相待。这样可以缓解用户的愤怒情绪,增加解决问题的机会。

(2)认真倾听

面对用户的投诉和差评,运营者需要第一时间联系用户,倾听他们的不满之处,并做好翔实的记录。期间运营者不要随意打断用户的诉说,也不要轻易反驳用户的想法。

(3)主动道歉

俗话说"顾客就是上帝",不论谁对谁错,运营者都需要进行道歉,主动承担起让用户产生不好购物体验的责任。然后运营者需要通过一定的说服性语言或补偿手段来获取用户的谅解,避免用户将事件扩大化。

（4）分析原因

在清楚地了解用户投诉或差评的原因后,运营者需要分析这一投诉或差评的背后原因,找到出问题的环节。

（5）解决问题

分析出问题的原因后,运营者需要尽快解决掉这一问题,避免后续再有类似的投诉或差评。

4.建立老客户群

对于经常在店铺中购买商品的老客户,运营者可以为他们建立一个专属社群,通过社群来向他们提供额外的售后服务,例如定期发放福利、定期组织活动等。

8.4　微店的营销及推广

为了增加微店的销量和知名度,运营者还需要进行各式各样的营销行为和推广行为。不过由于环境影响、商品特性、公司需求等原因,不同微店的营销、推广手段差异较大,本节将简单介绍常见的营销及推广手段,不做详细的讲解。

8.4.1　微店营销

营销是促进店铺交易量提高的一种手段。微店虽小,但是做好了营销工作,也能够极大地促进销量的增加。常见的营销手段包括满减活动、折扣活动、发放优惠券和设置满包邮,下面分别进行介绍。

1.满减活动

满减活动指的是当用户购买总金额达到一定数量时就可以获得优惠的活动,例如运营者设置为“满 55 元减 1 元”,用户购买商品总价达到 55 元时,就可以获得“减免 1 元”的优惠。

满减活动在微店的营销推广功能中就可以设置,分为以下 3 种模式。

- 满金额立减:购买金额达到一定标准后减免金额,例如满 200 元减 100 元;
- 满件数打折:购买商品数量达到一定标准后享受折扣,例如满 3 件打 7 折;
- 满件数立减:购买商品数量达到一定标准后减免金额,例如满 10 件减 50 元。

运营者在设计满减活动时,需要预计销量与商品售价,仔细计算出三种模式可能会带来的收入,然后选择收益最大的模式。在金额设置过程中,运营者需要分析用户和消费金额,找出较为常见的消费金额,将满减的标准设计得略高于该消费金额,使用户为了凑单必须多买商品。

常见的满减活动使用场景如下。

- 在节日促销期间计划大幅提升店铺销售额;
- 为了节省运费采用多件连卖的形式;
- 换季清仓时期快速处理存货。

2. 折扣活动

折扣活动指的是将商品打折出售的活动,一般都会有时间限制,称为限时打折。打折活动也可以在微店的营销推广功能中设置。运营者在设计折扣活动时,一般将活动时长设置为 3～30 天,切忌过长(例如 1 年)和过短(例如 1 小时)的时长设置。此外,运营者在折扣活动开始前还需要进行预热宣传,让用户知道这次活动。

3. 发放优惠券

发放优惠券指的是通过发放指定金额的优惠券来促使用户产生购买行为的活动,在微店中优惠券分为店铺优惠券和商品优惠券,店铺优惠券是指在对店铺内所有商品都可以使用的优惠券,商品优惠券是指对指定商品才能使用的优惠券。

在发放优惠券之前,运营者首先需要根据活动预算来设置优惠券的金额和优惠券数量。此外需要注意的是,优惠券和满减活动、折扣活动都可以叠加,运营者在同时进行这些活动时需要计算好优惠的总金额,适当设置不同活动的优惠力度,避免发生亏损。

4. 设置满包邮

满包邮是指用户购买金额达到一定标准时,可以免除运费。这个活动基本每个微店都会设置,在设置时大多数运营者会将满包邮的标准设置为 2～3 个商品的总价。此外运营者需要注意的是满包邮仅限于运营者自营的商品,分销的商品无法设置满包邮活动。

8.4.2　微店推广

微店想要提高知名度,就需要通过各种推广手段进行宣传。在微店中常见的推广手段是利用公众号推广和利用朋友圈推广,其中利用公众号推广微店主要是指通过在公众号菜单栏加入微店链接和为微店制作软文并推送 2 种方式;而利用朋友圈推广则是转发商品图片或者转发微店链接。详细操作方法在之前运营公众号和运营朋友圈章节已做过讲解,此处不再赘述。

8.5　本章小结

本章内容主要讲解了微店运营的相关内容,通过本章的学习,读者应该了解微店商品管理的知识、微店售前与售后服务的知识和微店常见的营销和推广方法,并掌握开微店的准备工作流程。

"传智杯" 全国大学生IT技能大赛

全国高等院校计算机基础教育研究会主办

　　"传智杯"全国大学生IT技能大赛（以下简称"大赛"）是由全国高等院校计算机基础教育研究会主办、面向全国高等院校全日制在校大学生的一项赛事活动。截至2019年大赛累计参与高校近400所，参赛选手近万人。

　　大赛开办以来，得到了包括腾讯云CODING、极客公园、声智科技、华为云、百度、京东、ONES、达尔优、汉土私有云等几十家企业的支持。这些公司为部分获奖选手提供面试机会。同时，大赛也得到了众多高校的认可，部分获奖选手凭借大赛证书获得了保研、奖学金的加分。

　　一分耕耘，一分收获，大赛期待你的参与！

赛点及部分参与院校：

清华大学	上海交通大学	电子科技大学	西安交通大学	南京理工大学	苏州大学	海南大学
中国石油大学	新疆大学	北京邮电大学	河南大学	哈尔滨工业大学	哈尔滨理工大学	温州肯恩大学
太原科技大学	河南科技大学	东华理工大学	三亚学院	西京学院	河池学院	南阳理工学院
山东商业职业技术学院	湖南化工职业技术学院	浙江东方职业技术学院	芜湖职业技术学院	重庆城市职业学院	兰州职业技术学院	潍坊职业学院

扫码申请赛点
领取教学资源

扫码咨询大赛报名事宜
领取200元"助学优惠券"

助学优惠券